# 꽃은 소리 없이
# 스스로 아름답다

내 삶이 더 아름답게 피어나는 그 길을 찾아서

범서 지음

  水木金

책을 펴내며

여러분의 꿈은 무엇입니까?
혹시 그 꿈이 여러분에게서 너무 멀어졌다고 생각하신다면
이 책에 그 해답이 있습니다.

삶이란 꿈을 이루려는 과정이라 할 수 있습니다.
그러나 그 과정에서 우리는 절망하고 포기합니다.
꿈을 실현한다는 것은 그 자체가 현실이 아니기 때문입니다.

이 책은 현실을 그저 운명으로 받아들이려는 분들에게는 별 쓸모가 없습니다. 현실을 보다 더 아름다운 삶으로 바꾸고자 하는 분들에게 이 책을 바칩니다.

꿈을 현실로 이루는 과정은 쉽지 않습니다. 그 어려운 과정을 이성적으로 과학적으로 쉽게 풀어보고자 합니다. 쉽다는 말은 노력이 있으면 반드시 결과가 있다는 의미입니다.

물론 실천하는 것과 방법만을 안다는 것은 다릅니다. 그러나 방법을 알면 실천은 언젠가는 뒤따르게 되어 있습니다.

여러분의 꿈이 더 아름다운 삶으로 피어나시길 바랍니다.


                                        2025년 새해를 시작하며
                                                        범서 올림.

목차

### 1. 무엇이 사람의 마음을 움직이는가 Ⅰ   • 11

권위와 보상
보상이 아닌 무엇?
사람은 스스로 우주이다
짚신 세 벌
흔들리는 것은 깃발이 아니라 마음이다
군중 속의 나는

### 2. 무엇이 사람의 마음을 움직이는가 Ⅱ   • 32

새를 기르는 방법으로 기르지 않았다
죄수의 딜레마
나를 비우고 너와 말하다
길은 걸어가면서 만들어간다
대화, 그 깊은 의미
삶이라는, 그 산에 오르며

## 3. 사람이 그리움이고 희망이다 • 51

내 옆의 그 사람
신은 어디에 숨겼을까?
인간의 마음속에 숨겨진 이것
우주의 본성은 사랑
꽃은 소리 없이 스스로 아름답다
우리는 서로에게 그리움이고 희망이다
사랑은 집 나간 성공도 불러온다


## 4. 내가 내 뒤에서 나를 말하다 • 71

뒷담화
기질 전이 효과
아우라
누가 천국에 갈까요?
생각과 현실
삶의 스포트라이트
나의 가치
3일 동안만 볼 수 있다면
세상에서 가장 경이로운 작품
베토벤의 키스

## 5. 나를 이기는 연습 · 98

사이렌 섬
욕망과 목석
거미의 도전
포기하지 않은 희망
우화
어둠과 촛불
외로움은 희망
손에 꽃을 들고 미소 짓다
마시멜로의 유혹

## 6. 꿈을 이루는 섭리 · 131

우주와 개인을 관통하는 섭리
꿈을 이루는 이것
꿈을 이루는 습관
시냅스 이론
행운을 부르는 좋은 생각
행운의 미사일
고슴도치와 가시나무새
소리 나는 무덤

## 7. 꿈을 이루는 타임머신 ・157

마음의 정원
잠재의식의 비밀
징기스칸이 쏘아 올린 우주선
타임머신
나만의 환상적인 타임머신
나만의 환상적인 타임머신 작동법
타임머신의 힘 (상상의 힘)
상상의 함정


## 8. 생각의 발명 ・187

데이트할 수 있는 비법
99-1=0 이고 1-99=100 이다
엘리베이터의 비밀
머피와 샐리
브리콜라주 사고
브리콜라주 정신
출기불의
나는 항상 거짓말을 한다
개성은 최고의 재산이다

9. 변화를 위한 도전 •215

    아름다운 기도
    시간의 혁명
    내 안의 변화
    변화를 위한 도전
    소가 외나무다리를 건너다
    벼랑 끝에서 손을 놓다
    아름다운 가치

## 1. 무엇이 사람의 마음을 움직이는가 Ⅰ

권위와 보상
보상이 아닌 무엇?
사람은 스스로 우주이다
짚신 세 벌
흔들리는 것은 깃발이 아니라 마음이다.
군중 속의 나는

## 권위와 보상

일의 성패를 결정하는 중요한 것은 다음 중 무엇일까요?
기술, 자본, 정보, 혁신, 사람, 등에서.

산업화 이전에는 자본이었고, 산업화 시대에는 기술, 그리고 지식 정보화 사회에서는 정보 또는 창의였음을 우리는 잘 알고 있습니다. 지금의 21세기에서도 그럴까요? 사람이 화두가 된 지금의 시대에서는 무엇일까요?

우리 모두 공감하고 경험하고 있습니다.
단연 사람, 사람의 마음입니다.

물론 기술도 중요하고 정보도 중요합니다. 그러나 지금은, 그것이 전부였던 시대가 아닙니다. 아무리 기술이 뛰어나고 정보가 앞서더라도 사람의 마음을 알고 잡지 못하면, 도모하는 모든 일이 끝내는 성공할 수 없습니다.

그렇다면 사람의 마음을 움직이게 하는 것은 무엇일까요?
보상일까요? 아니면 또 다른 무엇일까요?

마음은 내키지 않지만, 보상 때문에 마음이 움직이는 것일까요? 보상이 오랫동안의 통설이었습니다. 실제로 과거의 통치자들이나 기업가들은 사람을 다루는 적절한 수단으로 당근과 채찍 즉 보상을 활용하였습니다. 꼭 물질적인 것이 아니더라도 권위(힘 등의 외부적 요인)에 의해 사람의 마음이 움직인다는 것이었습니다.

A가 B에게 문제를 내서 B가 틀리면 전기 고문을 해도 좋다는 것이었습니다. A와 B는 아무 이해관계가 없는 모르는 사이이고 A는 실험팀의 요구를 얼마든지 거절할 수 있습니다. 다만 지시에 따르면 어떤 혜택은 있습니다.

여러분 같으면 자신에게 어떤 보상이 주어진다고 해서 모르는 그 사람을 고문할 수 있습니까? 할 수 없겠지요? 그러나 그렇지 않았습니다. 실험 결과는 놀라웠습니다.

참가자 60% 이상이 B를 극단의 수준까지 고문하였습니다. 당시 실험 결과가 발표되었을 때 모두가 놀랐습니다. 사람의 마음이 보상으로 움직인다는 것은 입증되었습니다.


그러나 사실은 더 중요한 결과가 있었습니다.
그런데 당시에는 관심이 없었습니다.
그 또 다른 결과는 무엇이었을까요?

미국의 대학 심리학실험실에서 사람의 행동에 있어서 권위가 어떤 영향을 미치는가에 대한 실험의 결과이다. 이 실험의 결과, '권위와 보상은 사람을 움직이는 가장 큰 힘'이라는 결론을 내렸다.

행동경제학 학자들도 인간은 기본적으로 비합리적이므로 인간이 합리적이고 목표지향적으로 행동할 수 있도록 개입과 통제가 필요하고, 보상과 처벌은 필수라고 주장했다.

그러나 과연 꼭 그럴까?

## 🌸 보상이 아닌 무엇?

또 다른 중요한 사실은 바로 A의 태도 변화였습니다.
B가 고통을 호소하는 시간이 길어지자, A는 마침내 고문을 거부했다는 사실입니다.

A는 처음에는 극단의 수준까지 B를 고문하였지만, B가 고통을 호소하는 시간이 길어지자, 마음의 갈등을 겪은 것입니다. 보상 때문에 고문을 하였지만 시간이 갈수록 결국 보상보다는 진정한 자신의 마음에 귀를 기울인 것입니다.

이것은 아주 중요한 사실임에도 실험 당시에는 주목받지 못했습니다. 그 후 스탠퍼드 대학의 연구팀에서 후속 실험이 있었습니다. 즉 보상을 준 경우가 아무 보상이 없는 경우보다 얼마나 더 큰 차이가 있는지 알아보기 위한 실험이었습니다.

놀랍게도, 아무 보상도 받지 않고 과제를 수행한 집단의 성취도가 훨씬 더 높았다는 것입니다. 많은 사람에게 다양한 방법으로 실험을 해보았지만, 결과는 같았습니다.

왜 그럴까요? 사람들이 보상을 싫어했을까요?

보상을 싫어한 사람은 없습니다.

그 이유는 바로 사람의 심리작용 때문이었습니다.
보상을 받다 보면 업무보다는 보상에 관심을 더 두게 됩니다. 업무 자체에 대한 의미는 부수적으로 되어버립니다.

시간이 지날수록 보상에 대한 만족도도 떨어지게 되어 있습니다. 이른바 경제학에서 말하는 한계효용체감의 법칙입니다. 결국 보상에 대한 효용이 점차 줄어들어 업무의 성취도가 떨어지게 된 것입니다.

보상(권위, 힘)은 어느 단계까지는 사람의 마음을 움직이지만 시간이 갈수록 보상의 효용은 사라지고 사람은 본래의 자기를 찾게 되어 있습니다. 본래의 자기는 양심입니다. 양심이 살아 있었지만 잠시 보상에 가려져 있었던 것입니다.

결국 사람의 마음을 움직이는 것은, 보상이 아니라 다른 어떤 것입니다. 물론 과거에는 물질과 권위가 사람의 마음보다 앞섰던 적도 있었습니다.

그러나 사람이 주인인 지금의 시대에서는 단순한 논리로 사람을 움직일 수 없습니다. 사람이 주인이라는 말은 사람의 개성이 중요하다는 것입니다. 개인마다 그가 지향하는 목표가 다릅니다. 그 개성을 아는 방법은 무엇일까요?

조직에서 중요한 요소가 과거에는 육체적 노동이, 그다음에는 지식이었다가 21세기 지금은 조직원의 마음이 중요한 요소로 바뀌었다. 사람의 마음을 움직이는 노력이 조직에서 중요 관심사가 되었다. 조직원들의 재능과 열의를 얼마나 잘 발휘하게 할 수 있느냐로 바뀐 것이다.

 조직원의 욕구를 불러일으킬 수 있는 조직은 성공할 것이고, 할 수 없는 조직은 도태된다고 한다. 그만큼 지금 시대는 사람을, 사람의 자아, 마음을 얻어야 한다는 것이다.

 인간의 행위는 마음속의 욕구로부터 생겨난다. 따라서 사람의 마음을 움직이는 최고의 방법은 상대방의 마음속에 강한 욕구를 불러일으키는 것이라고 심리학자들은 말한다.

## 🌸 사람은 스스로 우주이다

　당신은 어떻게 생각하십니까?(What'd you think?)
　오바마 대통령이 연설을 마치고 그 연설을 들은 국민이 어떻게 생각하는지 국민에게 보낸 메일의 제목입니다.

　대통령뿐 아니라 사람들을 상대로 하는 모든 단체나 심지어 개인 사업자들도 고객과 직원과 끊임없는 소통을 통해 의견을 듣고 이를 반영하는 피드백 문화가 지금 시대의 대세입니다.
　왜 그럴까요?

　과거에는 권력과 신분, 보상이 사람의 마음을 움직이는 주된 힘이었습니다. 그러나 사람이 모든 분야의 최고 가치로 인정되는 인류사회가 되면서 개개인의 개성과 생각이 하나의 독립된 세계이자 힘으로 부상한 것입니다.

　결국 한 사람은 한 우주인 것입니다.
　그 하나의 우주에는 그 만의 자아가 있고 마음이 있습니다.
　대통령이든 국민 한 사람이든, 사장이든 말단 직원이든 우열이 없습니다. 이른바 개인이 천상천하 유아독존입니다. 이것은 자만이 아닌 한 사람의 본연의 가치를 말합니다.

그 개인의 마음을 알고 움직이는 방법은 피드백입니다.
피드백(Feedback)은 상호 간 의견을 주고받아 이를 반영하는 것입니다. 수많은 워크숍을 개최하며 인간관계를 연구한 리처드 윌리엄스는 〈피드백 이야기〉에서 사람과 사람 사이에 아름답게 피어나는 꽃이 바로 피드백이라고 말합니다.

대화와 소통이 바로 피드백입니다.
그런데 우리는 일상에서 대화를 많이 하고 소통을 부르짖고 있지만 그럼에도 우리는 다른 사람의 마음을 움직이지 못하고 있습니다. 왜 그럴까요?

대화에 문제가 있는 것입니다. 자기주장을 전달하는 것에 급급하여 상대의 입장을 배려하고 공감하려는 의지가 부족합니다. 대화는 소통을 위해서입니다.

즉 대화한다고 하면서 잘못만을 지적한다든지, 자기주장, 자기 호소만 하면 진정한 대화가 되지 않습니다. 서로의 입장을 공감하지만, 잘못된 것은 서로 고쳐가자는 것입니다. 자기 호소만 해서는 피드백이 안 되는 것입니다.

세계적으로 유명한 사람들은 전부가 피드백의 달인이었다고 한다. 설령 내가 100% 옳더라도 상대를 존중하는 것은 대화에서 매우 중요하다고 한다.

줄리아 로버츠는 감독을 잘 만나 명배우로 태어날 수 있었는데 그 이유는 감독의 피드백 활용이었다고 한다. 타이거 우즈를 비롯하여 파바로티 등 세계적 스타들의 명성 뒤에는 피드백을 통한 부단한 노력이 있었다고 한다.

가사, 내가 100% 옳더라도 상대방을 존중하는 것이, 무엇보다 중요하지만 대부분 사람은 자기가 옳다고 생각하면 상대방을 존중할 필요를 느끼지 못한다고 한다.

내 얼굴에 밥알이 묻어있는 것을 나는 스스로 보지 못한다. 남이 말해줄 때 비로소 거울을 보는 것처럼 알게 된다. 피드백이 필요한 이유이다. 남은 나의 거울이다.

또한, 남이 나를 알아주지 못한다고 염려하지 말고 내가 남을 모르는 것을 걱정하고, 내가 서고자 할 때 남부터 서게 하고, 내가 뜻을 이루고 싶을 때 남부터 뜻을 이루게 하는 사람의 마음을 얻는 실천 법이라고 공자는 말한다.

## 짚신 세 벌

옛날에 배우지 못한 짚신 장수가 있었습니다. 그는 도를 닦으면 부처가 된다는 말을 듣고 이를 소원하였습니다.

어느 날 큰 스님을 찾아가 물었습니다.

"스님, 부처가 무엇입니까?"

큰 스님이 대답했습니다.

"즉심시불(卽心是佛, 마음이 곧 부처)이니라."

그런데, 짚신 장수는 짚신 세 벌로 잘못 들었습니다.

왜 짚신 세 벌이 부처일까?
그는 집으로 돌아와 온통 그 생각뿐이었습니다.
자나 깨나 오로지 한 마음으로 그것만 생각했습니다.

그렇게 많은 세월이 흘렀습니다.

어느 날, 드디어 그는 깨달았습니다.

"과연 짚신 세 벌이 부처로구나"

오로지 그 화두에 몰두한 것이, 즉 그 몰두 자체에서 깨우침을 득하게 된 것입니다. 아하, 짚신 세 벌이 즉심시불이구나, 깨우침을 얻은 것입니다.

이 이야기는 마음이 얼마나 중요한 것인가 말해줍니다.
그에게 짚신 세 벌은 화두였습니다. 그 화두를 풀기 위한 지극한 마음 그 자체에서 삶의 깨우침을 얻게 된 것입니다.

세상을 살아가는 우리에게도 마음이 으뜸입니다.
세속적 삶을 살아가면서 얼마나 많은 좌절과 고통이 있습니까. 그 해결책은 유일무이로 마음입니다.

그 마음 중에서도 사랑하는 마음입니다.
내가 하는 일을 사랑하고 고객을 사랑하고 상대를 사랑하는 마음입니다. 나를 희생하면서까지 남을 사랑하는 것은 무리입니다. 적어도 자신에게만 편중되어서는 안 되는 마음입니다.

우리는 독단에 빠지기 쉽습니다.
이를 확증 편향(confirmation bias)이라고 합니다.
자기의 생각, 행동만이 옳다고 믿으려는 경향입니다.

내 생각보다는, 남은 어떻게 생각하는지, 남의 입장은 무엇인지, 그것을 화두처럼 생각하는 마음이 있다면 우리가 처해있는 어려움이 풀리지 않을까 생각해 봅니다. 연예이든 사업이든 대립과 갈등의 문제이든 다 같습니다.

성경에도 그 진리가 같이 담겨 있습니다.
그러므로 무엇이든지 남에게 대접받고자 하는 대로 너희도 똑같이 그렇게 남을 대접하라.

하나의 화두만 몰입하다 그 몰입 자체에서 일체가 마음에서 비롯된다는 것을 깨닫게 되어버림. 그래서 깨우침을 준 짚신 세 벌, 그 말 자체가 부처의 가르침이 되어버린 것이다.

우리는 돈 문제 자식 문제 사업 문제 등 사람과 경제 문제로 골머리를 앓고 있다. 그것은 끝없는 인생사의 숙제이다. 외적 해결은 일시적 해결일 뿐이다.

근원적인 해결책이 무엇인가를 추적하다 보면 결국은 우리의 마음에 그 해결책이 있다. 결국 자신의 마음에 근원이 되어 나온 문제이니 그 근원인 마음에서 해결책을 찾아야 한다.

아집과 독선을 벗어나 남의 생각을 존중할 수 있는 균형적인 상태에서 한발 더 나아가 감사하는 마음, 사랑하는 마음을 품으면 문제의 실마리가 풀리기 시작한다.

## 🌸 흔들리는 것은 깃발이 아니라 마음이다

깃발이 바람에 펄럭이는 것을 보고 제자가 물었습니다.

"흔들리는 것은 깃발입니까? 바람입니까?"

혜능이 답했습니다.

"흔들리는 것은 너의 마음이다."

시장에서 상추를 놓고 주인과 손님이 다른 말을 합니다.

"왜 상춧잎이 이렇게 작아요?"

손님의 불평에 주인이 대꾸합니다.

"내 눈에는 크기만 하그만~"

위 두 대화가 암시하는 것은 무엇일까요?
어떤 현상을 우리는 우리의 각자 마음으로 본다는 것입니다.
현상이 우리의 마음을 지배하는 것 같지만 결국은 그 현상을 받아들이는 것은 우리의 마음(생각)입니다.

우리의 마음(생각)으로 현실을 본다는 것에서 우리는 두 가지의 교훈을 얻습니다.

하나는, 내 생각이 사실과 다를 수 있다는 것과 둘은, 행·불행이 마음의 작용이라는 사실입니다. 그래서 상황보다 그 상황을 보는 우리의 마음이 더 중요하다는 것입니다.

그러나 마음대로 안 되는 것이 현실이고 그 현실을 보는 그 마음 또한 다루기가 마음먹은 대로 잘 안 됩니다. 항상 좋은 마음을 갖는 것이, 쉬운 것이 아닙니다.

일상에서 써먹을 수 있는 간편한 방법이 없을까요?

자애 수행이란 것이 있습니다.
어떤 대상을 사랑하는 마음으로 보는 것입니다.

마음의 깃발이 흔들리지 않게 됩니다.

혜능
638년에 태어나 세 살 때 부친을 잃고 가난하게 자랐다.
어느 날 나무를 짊어지고 팔러 다니다 《금강경》 외는 소리를 듣고 출가를 결심하였다고 한다. 누구나 마음을 닦으면 성불할 수 있다고 설파하여 중생을 위한 마음의 혁명가로 유명.

자애 수행법
온갖 잡념(특히 분노)이 일어날 때 부처가 제자들에게 권했던 수행법으로 모든 존재가 안락하고, 행복하고, 평화롭기를, 고통에서 벗어나기를 바라는 자애의 마음을 반복하는 것.

마치 어머니가 목숨을 걸고 외아들을 돌보듯 모든 존재에 대하여 끝없는 자애의 마음을 품는 것이다.

## 🌸 군중 속의 나는

　TV를 통해 '키세스단'의 시위 현장을 봅니다.
　눈발과 혹독한 추위 속에서 은박지를 둘러쓰고 수행자처럼 꿈쩍 않고 하루 종일 앉아 있는 모습입니다.

　대한민국을 지켜내려는 그들의 모습이 그 어떤 수행자보다 위대하게 보입니다. 마음이 숙연해지고 스스로 많이 부끄럽습니다. 나도 한때는 저들처럼 그런 적이 있었습니다. 그런데 지금은 따뜻한 방에서 그들을 보고 응원만 보내고 있습니다.

　나도 저 현장에 있어야 하는데도 말입니다. 민주주의는 누가 대신 지켜주는 것이 아니고 나 스스로 지켜내야 하기 때문입니다. 저 혹한의 현장에 있어야 하는데도, 마음은 그러고 싶은데도, 몸은 따뜻한 방에서 구경이나 하고 있습니다.

　시위는 민주 시민의 권리이지 의무는 아니라고 생각해서일까요? 그것은 아닙니다. 그것이 아니라면 왜 그럴까요?

　예를 들겠습니다.
　실제로 미국과 호주에서 일어난 두 사건입니다.

사람들이 창문을 열어 보고 있는 상황에서 한 남자가 여인에게 칼로 협박합니다. 두 남자만 있는 상황에서 열차가 저만치서 빠른 속도로 오고 있는데 한 남자가 철로에 떨어집니다.

위 두 상황에서 누가 죽고 누가 구조되었을까요?

여인은 38명이 지켜보는 가운데 살해되었고, 철로에 떨어진 남자는 구조되었습니다.
　……
　　……

이러한 현상의 가장 큰 원인은, 군중 심리에서 찾을 수 있습니다. 다른 사람이 달려가니까 나도 덩달아 같이 달려가는 그 심리가 아닌, 바로 〈내가 안 해도 다른 사람들이 하겠지〉하는 또 다른 군중 심리 현상입니다.

사람들 속에서 나라는 개인은 방관자가 됩니다. 책임이 분산되어 특별히 내가 해야 한다는 책임감을 느끼지 못합니다.

이러한 현상을 방관자효과(Bystander Effect)라고 합니다.
또한 그러한 심리 현상을 집단의 업무 능률 측면에서는 링겔만 효과(Ringelmann Effect)라고 합니다. 사람이 많으면 많을수록 개인은 특정 업무에 대한 책임감을 덜 느끼게 됩니다.

따라서 10+10= 20이 아니라, 0(구조 안 함) 또는 19(능률

저하)가 되어버립니다. 줄다리기를 생각하면 금방 이해할 수 있습니다.

2+2= 5 이상이 되는 시너지 효과와는 다른 현상입니다.

여기에서 우리는 교훈을 얻습니다.
사람이 많을 때는 개인에게는 일일이 업무를 지정해 줘야 한다는 것입니다. 〈우리 모두 시위에 참여합시다. 우리가 모두 힘을 합쳐 열심히 합시다.〉가 아닌 〈당신이 하는 시위가 민주주의를 지켜냅니다. 당신만이 민주주의를 지켜낼 수 있습니다.〉라고 개인을 인정해 주고 주목을 받게 해줄 때 좋은 결과가 나온다는 것입니다.

개인을 개별적으로 인정해 줄 때, 우리는 신이 나서 서로 협조를 잘한다는 것입니다. 그만큼 우리는 우리 개인이 중요하다는 것입니다. 절대 개인을 무시하면 안 되는 것입니다.
이것이 민주주의입니다.

\*\*\*\*\*\*

방관자효과

주위에 사람이 많을수록 해야 할 일을 하지 않은 현상을 뜻하는 심리학 용어. 남들이 할 것으로 생각하기 때문에 방관하는 상태를 말한다.

연구 결과에 따르면 사람이 많을수록 행동할 확률이 낮아지고 행동으로 옮기는 시간은 길어진다고 한다.

그래서 이런 상황일 때는 막연히 기다릴 것이 아니고 주위에 있는 사람을 특정해서 지적해야 한다고 한다.

"저기 천사처럼 착하게 생긴 아줌마! 도와주세요!"

## 2. 무엇이 사람의 마음을 움직이는가 Ⅱ

새를 기르는 방법으로 기르지 않았다
죄수의 딜레마
나를 비우고 너와 말하다
길은 걸어가면서 만들어간다
대화, 그 깊은 의미
삶이라는, 그 산에 오르며

## 🌸 새를 기르는 방법으로 기르지 않았다

바다에 사는 새가 어느 날 육지로 날아 왔습니다.
왕은 나라를 위해 좋은 징조로 생각하여 그 새를 궁으로 데려와 음악을 들려주고 술을 권하며 맛있는 고기도 주었습니다. 새는 아무것도 먹지 않고 슬프게 울다 죽어버렸습니다.

이 우화가 암시하는 것은 무엇일까요?

왕은 지성으로 새를 대접하였습니다.
그러나 새는 그 성의를 모르고 무시하여 굶어 죽었습니다.
왕은 실망하고 상처를 받았지만,
자기로 인해 새가 받은 상처는 몰랐습니다.

왜 그럴까요?

새와 사람은 다르다는 것입니다.
나아가 사람과 사람도 다르다는 것입니다.
그럼에도 우리는 서로 다르다는 사실을 인식하지 못합니다.

우리는 다른 사람들로 인해 상처를 많이 받습니다.
그러나 우리는 다른 사람이 받는 상처는 생각하지 못합니다.
서로 다르다는 사실을 인식하지 못해 서로에게 상처입니다.

우리는 서로 다르지만, 같이 살고 있습니다.
생각이 다르고 환경이 다르기에 갈등이 있습니다.

우리의 행복을 결정하는 것은 사람 관계에 달려 있습니다.
우리가 도모하는 그 어떤 일도 혼자서 하는 일은 없습니다.
결국, 일의 성패는 사람들과의 관계에 달려 있다는 것입니다.

상처받지 않는 상생의 꽃을 피우는 방법은 무엇일까요?

※※※※※
피레네산맥의 이쪽에서는 진리가 저쪽에서는 오류이다.
파스칼의 말이다.

사람을 기르는 방법으로 새를 기른 것이지,
새를 기르는 방법으로 새를 기른 것이 아니다.
장자의 지락(至樂) 편에 나오는 말이다.

옳은 말인 줄 알면서도 거부감을 느끼는 것은,
처지를 이해하고 인정해 주는 공감이 없기 때문이다.
아무리 좋은 말이라도 공감이 없으면 간섭으로 들린다.

## 🌸 죄수의 딜레마


일터에서 같이 일하는 사람, 서로 협동하고 힘이 되어 잘 살았으면 좋겠습니다.

그렇게 되기 위해서 가장 중요한 것이 무엇일까요?
바로 소통과 교감입니다.

죄수의 딜레마가 그것을 말해줍니다.

공범이 잡혔는데 증거가 없어 자백하지 않으면 석방해야 합니다. 수사관이 공범들을 서로 분리하여 각자에게 제의합니다.

〈다른 공범이 부인하는데 자백을 한 사람은 1년 형, 다른 공범이 자백하는데 부인한 사람은 5년 형, 모두 자백하면 3년 형을 구형하겠다.〉라고 말입니다.

그 말에 속지 않고 전부 자백하지 않으면 전부 풀려납니다.
어떻게 되었을까요? 그들은 모두 범행을 부인하였을까요?

결과는 모두 자백하여 3년 형을 받습니다.

두 사람 형의 합산은 6년입니다. 어느 경우도 합산이 6년입니다. 모두 부인했으면 무죄인데도 말입니다. 즉 혼자서는 최선을 택했지만, 모두에게는 최악입니다. 개인(부분)의 최선은 전체의 최선이라는 말은 여기에서는 틀린 말입니다.

공범들은 왜 부인할 생각을 못 했을까요?
여러분이라면 부인했을까요?

공범의 진술을 전혀 알 수 없는 상황에서 곰곰이 생각해 보십시오. 여러분도 똑같습니다.

왜 그럴까요?
소통과 교감이 없었기에 서로를 불신합니다.
그래서 자신만의 최선을 택합니다.
결과는 자기뿐 아니라 전부 최악을 가져옵니다.

사회생활이 모두 그렇습니다.

지금 우리는 네 편 내 편만 있습니다.
남의 입장, 남의 생각과 의견에는 관심이 없습니다.
교감이 없습니다. 무조건 내 편이 아니면 악으로 생각합니다.
그러니 이 사회의 총합은 마이너스가 되어버립니다.

협력해도 부족할 판에 서로가 분열하고 싸우고 있으니, 전체의 합은 떨어지고 살기가 팍팍해집니다.

대화가 필요합니다. 진정성을 가져야 합니다.
눈앞의 사리사욕, 권력에만 눈이 멀어서는 안 됩니다.
상대와 교감하려는 진정성을 갖고 대화해야 합니다.

사실, 돈과 권력 그거 참으로 허망한 것입니다.
배려, 친절, 사랑, 양심이 결국 행복입니다.

※※※※※※

 형사소송법상 유죄를 인정하기 위해서는 증거가 필요.
 2명 이상의 공범 사건에서는 물증이 없는 경우, 다른 한 명이 자백하면 다른 한 명이 부인하더라도 유죄의 증거가 됨. 따라서 공범 모두가 부인하면 증거가 없어 무죄.

 그런데 이 사례에서 공범 모두가 상대와 소통이 되었으면 모두 부인을 해서 무죄를 받았을 텐데 소통이 안 된 상태에서 서로를 믿지 못하기 때문에, 자기만 부인하면 다른 공범이 자백하여 자기만 중형을 받을 것 같아 자기도 자백을 해버림. 이것을 〈죄수의 딜레마〉라 한다.

# 나를 비우고 너와 말하다

사면초가 四面楚歌

고향을 그리는 노랫소리가 사방에서 들려오고 마음을 울리는 애절한 퉁소 소리가 달빛을 탑니다. 마침내 항우의 초나라 병사들이 울면서 전장에서 도망쳐 고향으로 향합니다.

우야, 우야. 너를 어찌할꼬.
병사들이 다 도망가 버리고 적군에 포위된 항우가 자기를 따라온 사랑하는 연인 우희에게 한 말입니다.

항우의 군사들이 심리적 동요를 하게 된 결정적인 것이 바로 장량이 부른 퉁소 소리였다고 합니다.

퉁소 소리는 사람의 마음을 울리는 힘이 있습니다.
그 힘은 바로 자기 비움에서 온다고 장자는 말합니다.

퉁소의 '자기 비움'은 퉁소가 만물과 소통하는 방법이고 그 비움에서 나오는 소리는 힘이 있습니다.

소통은 다른 것과 다른 것의 흐름입니다.
막힘과 막힘의 만남이 아닌 다른 것끼리의 흐름입니다.
그 흐름이 있기 위해 퉁소와 같은 자기 비움이 필요합니다.

너와 대화하기 위해 나를 비우는 것,
그것이 퉁소의 가르침입니다.

사면초가

 초나라의 항우가 해하 전투에서 유방의 한나라 군에 포위되었을 때, 초나라 군사의 사기를 꺾기 위해 체포된 초나라 군사들에게 노래를 부르게 하여 초나라의 군사들이 그 노래를 듣고 향수에 젖어 전의를 잃고 도망치게 할 의도로, 한나라의 책사 장량의 계략에서 나온 것이라 한다.

당시 항우가 읊은 시
力拔山 氣蓋世 역발산 기개세 時不利 騅不逝 시불리 추불서
騅不逝 可奈何 추불서 가내하 虞兮虞 奈若何 우혜우 내약하
힘은 산을 뽑고 기개는 세상을 덮지만, 때가 불리하니 추가 나아가지 않는구나. 추가 나아가지 않으니 어찌할꼬, 우야 우야 너를 어이하리. 추(항우의 말) 우(항우의 아내)

 훗날 유방은 항우와 우를 정중히 장사 지내 주었는데, 그해 여름 우의 무덤에서 핏빛처럼 붉은 양귀비꽃이 피었다고 함. 이때부터 양귀비를 '우미인초'라 부르게 되었다고 함.

## 🌸 길은 걸어가면서 만들어 간다

마음을 비운다는 것은 무엇일까요?

춘추시대에 거문고를 만드는 신기에 달한 장인이 있었습니다. 왕이 그 비결을 묻자, 그 장인은 답했습니다.

"저는 목수에 불과합니다. 비결은 없습니다. 다만 악기를 만들기 전에 몸과 마음을 깨끗이 합니다. 그렇게 사흘을 보냅니다. 그러면 악기를 잘 만들어 상을 받아야지 하는 그런 잡다한 생각들이 사라집니다. 다시 닷새를 보냅니다. 그러면 사람들의 비난이나 칭찬 따위에 초월하게 됩니다. 다시 일곱 날을 보내면 이제는 아무것도 생각하지 않는 비움의 상태가 됩니다. 그때야 비로소 악기를 만들기 시작합니다."

마음을 비운다는 것은 바로, 생각을 버린다는 것입니다. 나와 상대에 대한 기존의 생각을 버린다는 것입니다. 나는 어떤 사람이고, 너는 어떤 사람이라는 생각을 버린다는 것입니다.

사물은 우리가 그렇게 불러서 그런 것처럼 보일 뿐이고 상대는 다만 내가 그렇게 생각하기에 그런 사람일 뿐입니다.

상대는 내 생각과는 별개의 본래의 그 사람입니다.

소통은 내가 생각하는 너와 대화하는 것이 아니라 내 생각과는 별개인 본래의 너와 대화하는 것입니다. 본래의 너와 대화하기 위해서 나를 비운다는 것입니다.

즉 소통은 남을 변화시키는 것이 아니고 나를 변화시키는 것입니다. 나와 상대방에 대한 기존의 편견을 지우는 나의 변화가 필요합니다. 그래서 소통은 부단한 자기부정의 과정을 통해서 이루어집니다. 그래서 장자는 길은 걸어가면서 만들어 가는 것이라고 했습니다.

내가 편견을 버리고 본래의 너에게 다가갈 때 비로소 너도 마음의 문을 열고 본래의 나와 마주할 것입니다.

장자는 말합니다.

길은 걸어가면서 만들어 가고, 사물은 우리가 그렇게 불러서 그런 것처럼 보인다.

배를 타고 강을 건너다가 빈 배와 부딪치면 화를 내지 않을 것이다. 그러나 배 안에 사람이 있으면 소리를 치고 욕을 할 것이다. 세상의 강을 건너는 그대, 자신의 배를 빈 배로 만들 수 있다면 아무도 그대와 다투지 않을 것이다.

## 🌸 대화, 그 깊은 의미

사람(人)이 하나(一)를 얻으면 크게(大) 되고
하나(一)를 더 얻으면 하늘(天)이 된다고 합니다.

사람이 하나를 갖추면 큰 인물이 되고
똑같은 하나를 또 갖추면 성인이 된다는 말입니다.

하나는 무엇을 말할까요?
재력일까요? 권력일까요?

성인(聖人)이란 글자에서 해답을 얻습니다.
성(聖)이란 귀와 입이 으뜸(壬)이라는 뜻입니다.

귀와 입의 관상을 말하는 것이 아닙니다.
많이 듣고 좋은 말을 한다는 것, 즉 대화와 격려를 많이 한다는 것입니다. 독선과 편견을 버리고 상대를 배려한 대화를 많이 한다는 것입니다.

큰 사람이란, 독보적 존재로 행세하지 않는다는 것이고, 상대가 말이 안 되는 소리를 하더라도 들어주고 같은 눈높이로 끝없이 대화하여 상대를 이해하고 상대를 이해시키는 바로 그것이 큰 사람이고 성인이란 것입니다.

사람 간의 갈등에서 대화 이상의 가치는 없습니다. 대화는 끊임없는 자기 수행과 타인에 대한 인정이 필요합니다. 대화가 없는 일방적인 양보는 새로운 독단일 수 있습니다.

이것은 무엇을 의미할까요?
대화를 많이 한다는 것에는 깊은 의미가 있습니다.

법에 의존하고 규칙으로 판단하는 것은 필요일 따름이지 섭리는 아닙니다. 최선의 판결보다 최악의 협상이 더 낫다는 말이 그것입니다. 대화는 인생의 깊이 즉 섭리를 알아가는 수행의 과정입니다.

무엇보다 타인의 삶을 이해하고 존중하게 되어 자기를 더 알아갑니다. 고객과의 대화, 직원과의 대화, 야당과의 대화, 국민과의 대화, 대화는 다른 사람의 존재가치를 깨닫는 과정이고 이것이 진정 소통으로 가는 길입니다.

대화를 통해 다른 사람에게도 똑같이 나와 같은 존재의 가치가 있다는 것을 깨달을 때 우리의 대화는 행복을 찾아가는 시작이 되고 우리의 일상은 위대하게 변합니다.

※※※※※

 장자는 말한다.
 여물위춘(與物爲春). 다른 사람과 더불어 봄이 되도록 한다는 뜻입니다. 다른 사람과의 관계에서 상처받지 않는 상생의 꽃, 그 꽃은 봄에 피는 것입니다. 상처받지 않는 상생의 꽃이 피기 위해서는 대립(겨울)이 아니라 소통(봄)이어야 한다.

 장자는 또 말한다.

 내 뜻을 언어로 전달하지 않고 마음으로 전달하는 것이며, 나아가 마음으로 전달하는 것을 넘어서 기(氣)로 전달해야 한다. 마음을 비우고 상대와 소통하라. 상대방이 내 말을 받을 자세이면 마음껏 울어라. 그러나 상대가 마음이 없으면 그 자리에서 그쳐라.

 장자는 소통을 위해서는 3가지가 필요하다고 한다.
 상대는 틀린 것이 아니라, 나와 다름을 알아야 하고
 입과 귀가 아닌 마음을 넘어 기로써 대화하고
 자기부정을 통해 자기부터 변화해야 한다고 말한다.

 옳은 사람보다 이해해 주는 사람이 더 좋다는 것이다.

## 삶이라는, 그 산에 오르며

처음에는 나를 위해
내가 있기에 산을 오른다고 생각했다.

내 기분이 사라지고 힘이 들면서
이제는 나를 이기고 싶어 오른다고 생각했다.

나를 이긴다는 생각이 오래였을 때에
그럼에도 산은 아직 정상을 보여주지 않았다.

다리에 마비가 오고 심장에 통증이 오래이자
나를 이긴다는 것은 더 이상 의미가 없었다.

내가 있기에 내가 산을 오른다는 것은 잘못이었다.
산이 있기에 내가 오르고 있었고
산은 산으로 그냥 거기에 버티고 있을 뿐이었다.

비로소 나는 산이 보였고 산을 알고 싶었다.
힘이 들수록 산을 알고 싶은 간절함이 더했다.
그 간절함이 힘이 들어 눈물이 나왔을 때

산은 마침내 정상을 허락하였다.

정상에서의 기쁨은 이루 말할 수 없었다.
산을 올라서가 아닌
산을 알았다는
산이 나를 받아주고 허락했다는 기쁨이었다.

너라는 산을 오를 때에도
나를 이기는 것만으로는 부족하고
너를 알고 싶어하는 나의 간절한 눈물이 있을 때
너는 나를 받아준다는 것을 알았다.

갈등 관계에 있는 사람과 소통을 위한 노력을 할 때, 포기하고 싶은 한계점에 부딪히면 자기를 이기는 것만으로는 부족하고 상대를 진정으로 알고 싶고 이해하고 싶은 사랑하는 감정이 발현될 때 비로소 상대도 그 마음이 전달되어 소통이 이루어진다.

## 3. 사람이 그리움이고 희망이다

내 옆의 그 사람
신은 어디에 숨졌을까?
인간의 마음속에 숨겨진 이것
우주의 본성은 사랑
꽃은 소리 없이 스스로 아름답다
우리는 서로에게 그리움이고 희망이다
사랑은 집 나간 성공도 불러온다

## 🌸 내 옆의 그 사람

　눈보라가 몰아치는 험준한 산길을 두 사람이 걷고 있었습니다. 그들은 추위 속에서 마을을 찾아 헤매던 중 길 위에 쓰러진 또 한 사람을 발견하였습니다.

　생사를 다투는 위급 상황에서 두 사람은 생각이 달랐습니다. 한 사람은 쓰러진 사람을 버리고 갈 수 없다고 하였고 다른 사람은 같이 죽는 어리석은 짓이라고 반대하였습니다.

　같이 죽는 것보다는 혼자라도 살아야 한다는 사람은 그대로 지나쳐 버렸고, 남은 한 사람은 차마 쓰러진 사람을 얼어 죽게 놔둘 수가 없어 그 사람을 업고 마을을 찾았습니다.

　위 이야기는 실제로 네팔에서 일어난 일이라고 합니다.
　두 사람 중 누가 현명하고 누가 어리석은 사람이며,
　결과는 누가 죽고 누가 살았을까요?

　우리의 삶이란 우리 앞에 어떤 일이 일어나느냐에 따라 달라질 수 있습니다. 그러나 더 중요한 것은 그 일어난 일에 대한 우리의 태도라고 합니다.

그 태도란 무엇을 말하는 것일까요? 사건을 바라보는 시각 즉, 벌어진 일을 어떻게 생각하느냐를 말할 것입니다.

그렇다면 그 생각에서 무엇이 중요한 비중을 차지할까요? 무엇일까요?

삶이란 행복을 찾아 떠나는 여행과도 같습니다. 그 여행 중에는 일들이 발생합니다. 그 일을 대하는 우리의 태도에서 우리가 행복해지는 결정을 하기 위해서는 바로 사람을 가장 중시하여 태도를 결정해야 한다는 것입니다. 이것은 세계적인 심리학자, 사회학자들이 연구하여 인정한 결과이기도 합니다.

살고자 하면 죽고, 죽고자 하면 산다는 말이 있습니다.
그 말은 혼자라는 말이 생략된 경우이기도 합니다.
다른 사람을 무시하고 혼자 살고자 하면 죽고, 다른 사람을 위해 혼자 죽고자 하면 같이 산다는 말이기도 합니다.

네팔에서 일어난 일화에서도 마찬가지입니다.
혼자 살고자 가버린 그 사람은 추위를 이겨내지 못해 얼어 죽었고 쓰러진 사람을 구하고자 업고 간 사람은 서로의 체온으로 추위를 이겨내 마을을 찾아 모두 살았다고 합니다.

******

　집단생활을 한 인류 역사에서 고립된 사람은 진화의 경쟁에서 살아남지 못했기 때문에 타인과의 유대관계는 본능적인 행복감을 준다고 한다.

　만족스러운 삶이란 곧 관계가 풍부한 삶이라고 한다.
　아무리 많은 돈과 권력을 가졌어도 사랑하는 친구, 가족, 연인이 없는 삶은 행복하기 쉽지 않다는 것이다.
　사람이 없다면, 천국도 갈 곳이 못 된다는 레바논 속담도 인간의 행복에 사람이 얼마나 필수적인지를 잘 보여준다.

　우리의 부족함을 채울 수 있는 것은 사람이다.

## 🌸 신은 어디에 숨겼을까?

신들이 인간들에 관하여 대책 회의를 하였습니다.

인간들의 두뇌가 발달하여 신들의 영역까지 넘보겠다는 위기감에서였습니다. 인간들은 신으로부터 받은 두뇌를 너무도 잘 발달시킨 것입니다. 이제는 신들의 영역까지도 뛰어난 두뇌로 넘보겠다고 하는 것입니다.

그러나 신들은 걱정은 하면서도 문제없다고 결론을 내렸습니다. 인간들이 절대 소유할 수 없는, 신들과 인간들을 구분 짓는 마지막 능력 하나가 있기 때문이었습니다.

그런데 그 마지막 능력 하나를 인간들이 찾을 수 없도록 숨겨야 했습니다. 인간들이 또 얼마나 영리합니까. 잘못 숨겼다가 그것도 찾아버린 날에는 큰일이니까요.(이 부분은 저자로서는 좀 이해하기 어려운 것이, 인간들이 그것을 찾아 같이 신이 되어버리면 이 세상이 더 좋아질 텐데 왜 굳이 그걸 숨기려고 했는지 이해할 수 없음. 역시 신도 이기적인가?)

어디다 숨겨야 했을까요? 숨길 곳은 우주 공간에 너무도 많앉습니다. 회의가 길어졌습니다. 결론은 어디에다 숨겼을까요?

 바로 그곳이었습니다. 신들은 자신하였습니다.
 절대로 못 찾을 것이라는 그. 숨긴 장소는 어디였을까요?
 그리고, 신과 인간을 구별 짓는 그 능력은 무엇일까요?

 확실히, 신들의 두뇌는 인간에게 빼앗긴 것 같습니다.
 그 많고 많은 우주 공간에서 하필 숨긴 장소는 놀랍게도 인간의 마음속이었습니다.

 더 놀라운 것은 그 능력의 실체입니다.
 아무도 모른다고 합니다. 분명한 것은, 그 능력은 신들만이 갖고 있는 것이고, 인간의 마음속에 숨겨져 있다는 것입니다.

 위 이야기의 사실 여부는 확인할 수 없습니다.
 다만 인도의 신화에서 유래한 내용이라고 합니다.
 중요한 것은, 출처가 아니라 이야기가 갖는 그 의미입니다.

 신들이 마지막까지 인간들에게 주기 싫어한 그 능력은 무엇일까요? 그 능력이 우리 마음속에 숨겨져 있다는 것은 무엇을 의미할까요? 우리가 이 세상을 이렇게 힘들게 살아가는 이유가 풀릴 수 있을까요?

## 🌸 인간의 마음속에 숨겨진 이것

신들이 인간의 마음속에 숨겨놓은 그 능력은 무엇일까요?
신비한 요술을 부리는 초능력을 말할까요? 품격 즉, 신과 인간의 속성을 구별하는 이른바 신성을 말할까요?

둘 다 포함될 것입니다. 그러나 중요한 것은 신성입니다.

인간에게 신성이 있다는 것은 중요한 의미가 있습니다.
우리의 삶을 어떻게 살아야 하는가 답을 주기 때문입니다.
삶에서 사람이 얼마나 중요한가에 대한 답이기도 합니다.

우주 삼라만상을 관장하는 것은 바로 신성입니다.
그 신성을 사람 하나하나가 마음속에 품고 있다는 것입니다.

예수님도 부처님도 모두 다 내 안에 있다는 것입니다.
우주 에너지의 섭리가 바로 내 안에 있다는 것입니다.

깨달음이란 우리 안에 신성이 숨겨져 있다는 사실을 아는 것입니다. 인류 역사상 깨달음을 얻었던 성인들이 모두 하나같이 하는 말입니다.

우리의 현실은 왜 이렇게 어렵고 힘이 들까요?
사람이 중요하다는 사실을 우리가 모르기 때문입니다.
사람보다 돈과 물질, 권세와 허세를 더 중시하기 때문입니다.
우리를 무시하고 돈과 물질과 허상을 좇기 때문입니다.
그래서 서로에게 상처 주고 상처를 받는 것입니다.

신성만큼 더 값지고 고귀한 것이 어디 있겠습니까?
그 귀한 신성을 가진 우리는 대접받지 못하고 있습니다.

행복하고 불행한 이유를 성찰해 봅니다.
그 중심에 분명 사람이 있습니다.
사람이 가장 소중히 품어야 할 첫 번째 대상입니다.

나는 사람을 첫 번째로 대했는지 생각해 봅니다.
그 사람에게 꼭 양보만 한다는 의미가 아닙니다.
적어도 상대를 악으로 보는 생각은 하지 말아야 합니다.
다만 힘들어서 잠시 그렇게 행동했을 뿐입니다.

삶이 힘들수록 나의 욕구에 문제가 있음을 알아야 합니다.
사람을 외면하고 물질을 우선했음을 알아야 합니다. 우리의
희망은 우리임을 깨달을 때 희망은 현실로 다가올 것입니다.

작은 희망은 내 주변 사람에게 있고 큰 희망은 많은 사람에
게 있습니다. 사업 성공의 비결은 자본도 조직도 위치도 장소
도 아닌 바로 사람입니다. 사람이 신이 나서 능력을 발휘하면

끝이 없습니다. 바로 신성이 있기 때문입니다.

 참고로, 사업에 도움이 되는 경우는 깊고 좁은 인맥보다는 넓고 얕은 인맥이라고 합니다. 이 말의 뜻은 다 아시겠지만, 또 다른 뜻도 있을 것입니다.

 만나는 사람을 좋게 보고, 믿고, 미워하지 않고, 배척하지 않으면, 언제인가는 나에게 도움을 줄 수 있다는 말입니다. 물론 사기꾼, 악질도 있겠지만, 잘 살피되 인간적으로 잘 대해주면 사기꾼도 악질도 도움이 될 때가 있다는 것입니다.

 아무리 철천지원수라도 거짓이 아닌 진심으로 대하면 꽁꽁 얼어붙은 신성이 녹아서 서로 도움이 될 수 있습니다. 속마음은 아니면서 겉으로만 가식적으로만 잘해보자고 하니 허구한 날 싸우기만 하는 것입니다.

## 🌸 우주의 본성은 사랑

 사람에게 신성이 숨겨져 있다는 사실과 사람이 희망이라는 말은 무슨 연관이 있을까요?

〈단 5분이라도 참되고 신성한 사랑을 주는 것이 가난한 사람에게 음식 천 사발을 주는 것보다 더 큰 일이다. 왜냐면 사랑은 우주의 모든 영혼을 돕기 때문이다.〉
 한 성인이 깨달음에서 한 말입니다.

 우주, 자연의 섭리는 평화와 사랑이라 할 수 있습니다.
 모든 생명과 현상은 이 본성에 긍정적 반응을 보입니다.

 신성은 여기에 머무르지 않습니다. 단순히 섭리에 따르는 것에 그치지 않고 그 섭리인 평화와 사랑을 능동적으로 갈구하고 실현하고자 합니다.

 바로 그 신성이 우리 사람에게 숨겨져 있다는 것입니다.
 그래서 평화와 사랑의 실천은 결국 우리의 소원이고 우리의 몫이기에 결국 사람이 그리움이고 희망이 되는 것입니다.

그런데 사람들이 모여서 살아가는 우리의 삶은 우리의 소원과는 전혀 다르게, 고달프고 고통스럽기까지 합니다.

 그리고 그 모든 원인이 그 중심에 사람이 있습니다.
 그래서 우리는 사람에게 상처받고 사람을 원망합니다.

 이론적으로는 우리에게 신성이 숨겨져 있으니, 우리가 모여 살고 있는 이 세상은 온통 평화와 사랑으로 충만해야 합니다. 그럼에도 현실은 전혀 그렇지 못합니다. 대다수 사람은 평화와 사랑을 도둑맞고 힘겹게 살아가고 있습니다.

 그 이유는 무엇일까요?
 우리의 잘못된 생각이 우리의 신성을 누르고 있기 때문입니다. 다른 사람으로부터 상처를 자주 받아오면서 잘못된 생각이 굳어져 버린 것입니다. 사람은 믿을 수 없는 존재이고 내가 살기 위해서는 넘어야 할 벽이라는 생각.

 그 생각이 굳어지는 데는 일리가 있습니다.
 다른 사람을 이해하려고 몇 번은 노력합니다.

 그러나 그 노력이 반복되어도 우리가 상처만 받게 된다면 현실은 너무 고통스러운데 어찌 남을 이해만 할 수 있겠습니까? 나에게 자꾸 상처를 준 사람을 어찌 이해하고 사랑할 수 있겠습니까? 성인도 아닌 우리가 성인의 행동을 매번 반복할 수 있겠습니까?

그 생각이 나쁘다고 비판할 수는 없습니다.

다만 부족한 생각이어서 정답은 아니라는 것입니다.

서로가 상대를 오해한 오답일 뿐입니다. 남에게 상처받은 내 생각은, 짧은 순간의 또 하나의 욕망일 뿐입니다.

우리가 소원하는 평화와 사랑은 순간의 욕망으로 실현할 수 없는 지고한 가치입니다. 어찌 그 길이 평탄하고 쉽겠습니까?

한 알의 연약한 씨가 단단한 바위를 뚫고 뿌리를 내리는 그 과정이 어찌 몇 번의 노력만으로 되는 쉬운 일이겠습니까?

한 알의 씨가 바위에 뿌리를 내리기 위해서는 바위의 틈새가 유일한 희망이듯 우리에게 숨겨진 그 신성이 바로 바위의 틈새와 같은 것입니다.

한 알의 연약한 씨가 어떻게 단단한 바위를 뚫고 뿌리를 내리는지 그것이 알고 싶습니다.

상대방이 쉽게 자기 마음대로 되지 않는 이유는, 상대를 쉽게 자기편으로 만들어 쉽게 자기 마음대로 움직이겠다는 욕망 때문이다.

 자기의 진정한 마음과 노력이 부족하고 오히려 자기 욕심이 지나쳤다는 생각은 못 하고 상대방이 구제 불능인 나쁜 사람이라고 생각하는 것은 자신의 잘못된 욕망에 불과하다.

 한 알의 씨가 바위에 뿌리를 내리기 위해 처음에는 바위의 빈틈에서 자리 잡아 싹을 틔우고 뿌리를 내리듯 갈등 관계에 있는 사람끼리 상생하기 위해서는, 완고한 성격의 그 사람에게도 반드시 마음이 움직일 수밖에 없는 그 무엇이 있기에 그 빈틈을 찾아 비집고 들어가야 한다. 그러나 그 빈틈을 악용하라는 말은 아니다.

## 🌸 꽃은 소리 없이 스스로 아름답다

한 톨의 작은 씨앗, 미래의 꿈

꿈은 바람에 움직이고 뒹굴다가
바위의 작은 틈새에서 작은 생명을 시작한다.

희망은 처음에는 절망보다 더 작고 보잘것없는 것
생명은 단단하지 못하고 어리고 약하지만

그 약함을 부드러움으로 하여 조금씩 조금씩
바위의 단단함 사이로 뿌리를 내린다.

생명의 의지는 바람처럼 보이지 않지만, 힘이 있다.

바위보다 더 단단한 열망으로
바위보다 더 질긴 부드러움으로

틈새에 스며들어 바위를 두드리고 공명하여
보이지도 느낄 수도 없는 더딤으로
틈새를 벌리고 더 스며들며 바위를 뚫는다.

그토록 끈질기게 인내하며 꽃피우고자 함은
사랑하기 위해서이다. 사랑을 받고 싶어서이다.
지켜내기 위해서이다.

그 많은 시간을 기다리고 자라, 꽃은 피어난다.
내세우지 않고 멈추지 않고
꽃은 소리 없이 스스로 아름답다.

꽃은 처음부터 큰 뿌리로 바위를 뚫고 피는 것이 아니다. 바위의 작은 틈새에서 씨앗이 싹이 터서 연약한 뿌리로 빈틈을 채우고 단단하게 한 다음, 다시 풍화작용과 뿌리에서 나오는 진액으로 바위를 아주 조금씩 녹여서 틈새를 만들고 그 틈새에 뿌리를 키워 또 틈새를 만들고 채우는 과정을 끝없이 반복하여 마침내 바위를 뚫고 자리를 잡아 열망의 꽃을 피운다.

 모든 생명의 끈질김은, 사랑을 실천하고자 함에 있다.
 그 사랑을 다 하고자, 꽃은 소리 없이 스스로 아름답다.

## 🌸 우리는 서로에게 그리움이고 희망이다

 바위에서 나무가 자란다는 것은 바위와 나무가 공존 공생한다는 것입니다. 바위와 나무는 서로 상극입니다. 그럼에도 바위와 나무는 이웃이 되고 부부가 된다는 것입니다.

 그들의 공생은 작은 씨앗과 작은 틈새에서 시작됩니다.
 우리 앞의 모든 벽과 바위에는 틈새가 있습니다.
 우리가 만나야 할 두려운 사람에게도 틈새가 있습니다.

 두려운 사람들, 철벽같은 바위는 절망입니다.
 틈새는 희망이고 신성입니다.

 절망과 희망은 서로 상극이지만 한 톨의 작은 씨앗이 바위를 뚫고 자람을 보고 절망도 하나의 삶이고 거기에서 희망이 싹트고 자라는 것도 우리의 삶임을 배웁니다.

 우리가 서로에게 상처받고 살아가고 있지만 우리는 서로가 서로에게 바위이면서 나무입니다.

 나무가 바위를 뚫고 자라고자 함은 바위를 상극하기 위함이 아니고 함께 살고 사랑하고자 함입니다.

 서로가 다투고 싸우며 경쟁한다고 하지만 우리에게는 신성이 있고 그 신성의 섭리는 평화이고 사랑입니다.

 이 세상 모든 경이로움도 네가 있기에 나는 느낄 수 있습니다. 우리는 서로 극복해야 할 대상이 아니고 서로가 서로에게 그리움이고 희망입니다.

 몇 번의 상처로 서로를 미워한다고 하지만 그 미움은 우리의 본질이 아닙니다.

 우리를 행복하게 하는 것은 다른 사람과의 공감에서 사랑하는 것입니다. 그래서. 우리는 우리를 결국 그리워할 수밖에 없고 우리의 희망은 결국 우리라는 것입니다.

##  사랑은 집 나간 성공도 불러온다

사랑이니 성공이니 말만 들어도 가슴 설레는 단어들입니다.
사랑과 성공을 위해 우리는 살아가고 있는지도 모릅니다.
우리는 사랑하고 싶고 성공하고 싶습니다.

여기서 제가 감히 사랑과 성공을 동시에 하는 방법을 말한다면 여러분은 웃겠지요?

그것도 특별한 사람만이 아닌 누구나 가능한 방법이 있다고 한다면 사람들은 말만 늘어놓는 이론가의 허풍이라고 미리 짐작하고 시들할 것입니다.

그러나 아닙니다. 성공을 꿈꾼다면 사랑하세요.
자신이 취급하는 업무, 자신이 만들어 팔고 있는 상품, 자신이 상대하는 고객을 아이 돌보듯 자식을 아끼듯 사랑하고 또 사랑하십시오.

사랑을 하게 되면, 어떻게 하면 내가 만든 제품이 소비자에게 사랑받고 귀하게 여기는 제품이 될까, 어떻게 하면 내가 고객에게 다가가 그분들의 욕구를 충족시켜 줄 수 있을까 하는 마음이 일어나면서 더 좋은 제품을 위한 아이디어, 창의적 발상, 고객에 대한 서비스가 줄줄 나오게 됩니다.

요즘 불경기라고 합니다. 그러나 요즘 같은 경제적 어려움은 갈수록 더 심해질 것입니다. 불경기란 그 시기만 지나면 호경기가 온다는 말인데 지금 상황은 그것이 아닙니다. 끝없는 자기성찰과 제품 개선 고객 위주의 서비스 개선이 요구되는 시대입니다. 과거의 행태로는 경쟁에서 이길 수 없습니다.

결국 사랑하는 방법밖에 없습니다.
내가 하는 일을 사랑하고 사무실을 사랑하고 직원을 사랑하고 제품을 사랑하고 고객을 사랑해야 합니다.

그러면 그 순간부터 마음이 행복해지면서 부족한 면이 보이고 아 이것을 개선해야겠구나, 아 이것이 부족했구나, 각종의 아이디어가 나오고 자기만이 제공할 수 있는 자기만의 제품과 서비스가 개발되어 경쟁력이 살아나게 됩니다.

귀찮게만 여겼던 고객들을 진실하게 애정으로 사랑으로 대하면 그 순간 애인처럼 반가워 그들의 요구를 다 들어주고 싶고 제품도 꼭 필요한 모습으로 변하게 됩니다.

사랑은 우주의 에너지입니다. 에너지가 없으면 돌아가지 않습니다. 사랑은 만물에 에너지를 주고 생기를 줍니다.

## 4. 내가 내 뒤에서 나를 말하다

뒷담화

기질 전이 효과

아우라

누가 천국에 갈까요?

생각과 현실

삶의 스포트라이트

나의 가치

3일 동안만 볼 수 있다면

세상에서 가장 경이로운 작품

베토벤의 키스

## 뒷담화

 미국의 한 과학잡지에서 자신과 조직을 파괴할 수 있는 행동 10가지를 발표한 적이 있습니다.

 도박, 거짓말, 폭력, 도둑질, 속임수, 중독성 습관, 괴롭힘, 성형수술과 문신, 스트레스, 뒷담화가 그것입니다.

 그중 자신과 조직을 파괴할 수 있는 가장 위험한 행동 1위가 무엇이었을까요?

 폭력? 아니면 거짓말? 속임수? 괴롭힘? 스트레스?
 다름이 아닌 뒷담화였습니다.

 왜 뒷담화가 가장 위험한 행동인지를 밝히지는 않았습니다.
 그러나 그 조사가 결과가 맞는지, 틀린 지를 떠나 뒷담화에 대해 그 심각성을 한번 돌아보게 됩니다.

 가까운 친구, 동료끼리 있으면 뒷담화가 나옵니다. 심지어 참석한 사람조차, 잠깐 화장실을 가면 뒷담화의 대상에서 벗어날 수 없습니다.

그만큼 뒷담화는 우리 생활에 일상화되어 있어 별다른 죄의식 없이 이루어지고 있습니다. 영국학회에서 발표하였듯이 사람들이 교류하는 정보의 99%는 다른 사람에 관한 것입니다. 그러면서도 정작 우리 자신도 뒷담화의 대상에서 예외일 수 없다는 사실은 모르고 있습니다.

직장인을 대상으로 설문조사를 하였습니다. 담화의 주된 내용은 상사에 관한 것이 가장 많았고, 다음으로 동료, 연예인·정치인, 보상·승진에 대한 불만 순이었습니다.

기원전 1550년경 이집트 상형문자에도 노예들이 주인을 뒷담화하는 내용이 있다고 합니다. 결국 뒷담화는 인류가 의사소통을 시작한 때부터 존재했다고 할 수 있습니다.

뒷담화는 스트레스를 해소하는 긍정적인 면이 있기도 합니다. 실제로 미국 버클리대 연구팀이 수백 명을 대상으로 한 다양한 실험 결과, 뒷담화가 스트레스를 줄이고 나쁜 행동을 막는 등의 장점이 있다는 것을 밝혔습니다.

그런데 왜 그것이 자신과 조직을 파괴하는 것일까요?

#  기질 전이 효과

뒷담화하는 동료를 보면 어떤 인상을 받나요?
73%가 좋지 않은 이미지를 주었다고 답하여 부정적인 나쁜 사람이라는 이미지를 느꼈다고 합니다. 뒷담화는 결국 자신을 부정적 이미지로 추락시키는 것입니다.

이러한 현상을 심리학에서 자발적 기질 전이 효과 (Spontaneous trait transference effect)라고 합니다.

어떤 사람이 나쁜 감정으로 남을 이야기하면 그 나쁜 감정이 자연스럽게 자신에게 전이되어 듣는 사람이 그 말하는 사람의 기질을 나쁘게 느낀다는 것입니다. 오하이오 대학 연구팀이 실험으로 입증한 이론입니다.

따라서 내가 뒷담화하면 동료는 나와 친밀감을 느끼기도 하지만 동시에 나를 나쁜 사람으로 느낀다는 것입니다.

뒷담화의 대상인 그 자리에 없는 사람에 대한 평가는 달라졌을까요? 조사 결과 26%는 달라진 것이 없다고 답변했고, 56%는 기존의 이미지에서 나쁘게 바뀌었다고 답했습니다.

우리는 살아가면서 타인의 시선 또는 평가를 중시합니다.
어느 심리학 팀에서 실험하였습니다.

휴게실에서 자발적으로 돈을 넣고 음료수를 가져가는 실험인데, 음료수 위에 사진을 각각 붙여 놓았습니다. 호전적으로 바라보는 남자 사진, 부끄러워하는 여자 사진, 꽃 사진 등.

돈을 넣고 가져간 비율이 남자 사진의 경우가 꽃 사진보다 4배가 많았습니다. 비록 사진이지만 그 정도로 타인을 의식해서 행동한다는 것입니다.

남이 나를 어떻게 평가하는가는 삶의 지표이기도 합니다.
해명할 기회도 없는 뒷담화의 대상은 그 심정이 어떨까요?

또 하나 중요한 것이, 뒷담화는 자기 스스로 자멸하는 효과가 있습니다. 아우라(Aura)입니다.

자발적 기질 전이 효과

오하이오 대학의 연구팀은 실험 참여자들에게 사람들이 험담하는 장면을 보여주었다. 그리고 실험 참여자에게 뒷담화를 한 사람의 성격을 평가해 달라고 하였다.

놀랍게도 그들은 짧은 비디오만 보고 그 사람을 부정적으로 평가하였다. 이를 심리학은 '자발적 기질 전이'라고 부른다.

뒷담화를 듣는 사람은 무의식적으로 뒷담화 대상의 특성을 말하는 사람과 연관 짓기 때문에 그 특성이 말하는 사람에게 전이된다는 것이다. 따라서 친구나 동료에 대해 이야기할 때 좋은 측면을 이야기하면 사람들은 그를 좋은 사람으로 여기고, 반대로 나쁜 점만 늘 이야기하면 사람들은 무의식적으로 그를 나쁜 사람으로 여기게 된다는 것이다.

# 아우라

우리가 어떤 생각을 하거나 말하면, 일정한 에너지가 방출됩니다. 그 에너지는 몸 주위에 에너지장을 형성하는데 그것을 아우라(Aura)라고 합니다. 그 에너지장은 항시적으로 작용하여 자신과 주변에 영향을 미친다고 합니다.

왠지 몸이 좋지 않거나 하는 일이 잘 안 풀리거나 재수 없는 일이 반복되거나 불행한 사고를 당하거나 하는 것들이 아우라와 무관하지 않다는 것입니다. 그럴 때는 자신의 사고방식에 문제가 있지 않는가 살펴볼 필요가 있습니다.

아우라는 매우 빠른 속도로 진동하기에 인간의 눈에는 보이지 않지만, 러시아의 '키를리안'이라는 전기공이 개발한 특수장치를 이용하면 아우라를 촬영할 수 있다고 합니다.

뒷담화를 하는 사람의 에너지장(Aura)은 어떤 모습일까요?
사람마다 다르겠지만 뒷담화를 좋아하는 사람의 아우라 파장은 좋은 기운을 가진 사람의 파장과 다르다고 합니다.

만물이 그러하듯 파장도 유유상종하는 특성이 있습니다.

따라서 나쁜 아우라는 주변의 나쁜 파장들과 어울리면서 그러면서 조금씩 주변의 상황을 나쁘게 바꾸어 버립니다. 즉 가랑비가 옷을 적시듯 미세하게 자신을 좀 먹어가는 것입니다. 다만 우리가 그 가랑비의 낌새를 알아차리지 못할 뿐입니다.

나아가 뒷담화하는 사람의 뇌 구조는 창의력을 담당하는 뇌 부분이 파괴된다는 연구 결과도 있습니다. 뇌과학 연구에서 밝혀진 사실이라고 합니다. 참고로, 수행이 높으신 스님이나 신부님들은 남의 이야기를 즐기는 사람 근처에는 가지 않는다고 합니다.

앞으로 사람들을 만나 다른 사람의 이야기를 할 때 나쁜 이야기는 하지도 말아야 하고 듣지도 말아야겠다는 생각을 해봅니다. 또한 내가 하는 일이 잘 안 풀릴 때는 내 생각, 내 입을 우선 살펴야겠다는 생각을 해봅니다.

사람은 삶에 직간접적인 영향을 끼치는 우주의 에너지장과 상호교감하는 자기만의 에너지장을 갖고 있다고 한다. 이것은 신체를 에워싸고 있는 동시에 우주와 교감하는 일종의 빛으로 이루어진다고 한다. 그런데 이 빛은 사람마다 고유의 특성을 방사하는데 이러한 빛의 파장을 아우라(aura)라 말한다.

　또한 질병은 대부분 아우라 장의 왜곡과 불균형이 누적되어 발생한다고 한다. 질병은 자기의 몸이 자기에게 전하는 메시지라 할 수 있다는 것이다. 즉 우리의 몸이 뭔가 이상이 생겼을 때 몸에서 보내는 경고 메시지가 질병이라고 한다.

## 누가 천국에 갈까요?

한 기관에서 일반인을 상대로 누가 천국에 갈 것으로 생각하는가를 조사한 적이 있습니다.

2위가 테레사 수녀였는데, 압도적인 1위는 누구였을까요?

1위는 바로, 설문에 답한 자기 자신이었다고 합니다.
성인(聖人)의 경지에 오른 사람까지도 뒤로 밀린 것입니다.

자기가 그 누구도 우선 천국에 갈 것 같다는 것입니다.
웃음이 나옵니다. 그러나 그것이 우리 자신의 실체입니다.

바로 토인비가 말한 모든 생물은 자기중심적이고 생물 중에서는 사람이 으뜸입니다.

그 속성에서 경쟁이 나옵니다. 자기가 남보다 더 낫다고 생각하기에 양보가 없습니다. 경쟁의 결과는 권력이라고 토인비는 말합니다.

경쟁에서 나온 권력은 그 속성이 자기중심적일 수밖에 없습니다. 인간은 누구에게나 견제와 감시가 절대적으로 필요한 이유가 여기에 있습니다.

 자기중심적 사고에서 나온 권력은 살기 좋은 세상을 만들지 못합니다. 오히려 더 갈등과 분열을 초래할 뿐입니다.

 이 사회가 시끄러운 것은 특정인 남의 탓이 아닙니다.
 내 본모습이 자기중심적이기 때문입니다.

 살기 좋은 세상을 만드는 주인공들은 남을 이기고 승리하는 데에 관심을 두는 자가 아니라 자기중심적인 나를 이기는 데 뜻을 두고 살아가는 사람들입니다.

 자기는 옳고 남은 맞지 않다는 생각은 사회 전체적으로도 암적인 사고이고 자기에게도 병적인 생각입니다.

## 생각과 현실

거울 앞에 서면 나의 현재 모습을 볼 수 있습니다.
만족하는 사람도 있고 외면하고 싶은 사람도 있을 것입니다.

만족하는 사람이든 외면하고 싶은 사람이든 거울에 비친 자기의 모습을 바꾸고 싶을 때는 어떻게 해야 할까요?

거울 속의 나를 마음대로 바꿀 수 있을까요? 거울 속의 나를 바꾸는 것은 불가능합니다. 왜일까요?

거울 속의 나는 내 현재의 모습을 반영할 뿐 내가 아니기 때문입니다. 거울 속의 나를 바꾸고 싶으면 거울 밖에 있는 나를 바꿔야 합니다.

지금 내 앞에 놓인 현실도 마찬가지입니다.
현실은 내 생각이 투사된 거울 속의 영상과 같습니다.
그렇다면 현실을 바꾸려면 어떻게 하면 될까요?

현실을 내가 바꿀 수 있을까요?
절대로 현실을 내가 마음대로 바꿀 수는 없습니다.

바로 내 생각을 바꿔야 현실이 바뀝니다.
현실이 마음에 안 든다고 불평하고 마음대로 바꾸려고 애쓸 것이 아니라 내 생각을 바꾸면 바뀐 내 생각이 거울에 투사되어 거울 속의 현상이 바뀔 것입니다.

마음에 들지 않는 이웃이 있다면 그 이웃을 내가 마음대로 바꿀 수는 없습니다. 먼저 내 생각이 바뀌면 그 사람도 바뀌는 것입니다. 내 주변 환경이 마음에 안 든다면 먼저 나를 바꿔야 합니다. 그러면 주변이 바뀝니다.

내 환경에 불평할 것이 아니라 내 생각을 먼저 바꾸는 것이 현명하고 현실적으로 틀림이 없는 방법입니다.

## 🌸 삶의 스포트라이트

연극무대에서 스포트라이트는 중요한 역할을 합니다. 관객의 시선을 배우에게 집중할 수 있도록 해주기 때문입니다.

그런데 배우가 그 스포트라이트를 의식하게 되면 연기가 되지 않습니다. 스포트라이트를 의식하면 연기 능력을 제대로 발휘하지 못하게 됩니다. 오직 연기에만 집중하고 스포트라이트는 무시해야 합니다.

삶의 무대에서도 마찬가지입니다. 삶의 현장에서 스포트라이트는 남의 시선입니다. 물론 필요할 때는 남의 시선을 의식하고 이에 맞추어야 하지만 불행히도 필요 없는 경우까지 지나치게 남을 의식합니다. 외모라든가 옷차림새 등 자신이 하는 일, 능력과 무관한 것들에 말입니다.

그러다 보니 우리는 삶의 무대에서 능력을 제대로 발휘하지 못합니다. 쓸데없는 곳에 에너지가 낭비되는 것입니다.
왜 그럴까요? 인식의 착오 때문입니다.

바로 조명효과( Spotlight Effect )라고 합니다.

다른 사람은 관심이 없는데도 자기 혼자 다른 사람의 주목을 받고 있다고 착각하는 현상을 말합니다.

사람들 앞에서 무슨 실수를 했을 때, 자기만이 아는 열등감이 있을 때 특히 이 현상이 심해집니다. 다른 사람은 전혀 관심도 없는데 남들이 어떻게 생각할까, 혼자 불안해하다 일도 못 해버립니다. 이른바 루저(loser)가 되어버립니다.

하는 일의 성패는 집중에 달려 있습니다. 불필요한 남의 시선에 아까운 에너지를 낭비해서는 안 됩니다. 혹시 나도 남들이 다 나만 쳐다본다고 지나치게 착각하는 주인공 병은 없는지 생각해 봅니다. 스포트라이트에 신경 쓰지 않는 진정한 내 삶의 배우가 되고 싶습니다.

미국 코넬대에서 실험한 결과 다른 사람에게 그다지 관심이 없다는 사실을 보여줍니다. 한 학생에게 유명한 스타의 얼굴이 인쇄된 티셔츠를 입고 다른 사람들이 있는 교실에 잠깐 앉아 있다가 나오라고 합니다. 티셔츠를 입은 학생은 다른 학생들이 금방 관심을 가질 것으로 생각했지만 알아챈 사람은 23%에 불과했다고 합니다.

남의 시선을 느끼는 버릇을 고치기 위해서는 먼저, 내 의식 속에 남을 평가하고 판단하는 습관을 버리고 남의 개성과 인격을 존중하여야 한다고 합니다.

## 🌸 나의 가치

 다음 중, 돈으로 환산했을 때 액수가 가장 많은 것은 무엇이고 적은 것은 무엇이라고 생각하십니까?

 태양, 지구, 달, 사람, 화성, 고릴라, 표범 등.

 가장 많은 것은 태양이고, 가장 적은 것은 화성입니다.
 미국의 한 과학자의 계산과 동물원의 거래가격에 의하면 지구는 약 545경 원이고 태양은 액수로 환산할 수 없으며 즉 무한대에 가까운 측정 불가(태양이 1초 동안 방출하는 에너지는 전 인류가 천만년 사용할 수 있는 양) 이고, 달 또한 엄청난 가치의 광물과 에너지 자원을 보유하고 있어 지구 못지않으며 화성은 약 2천만 원 정도 한다고 합니다.

 그렇다면, 사람은 얼마나 될까요?
 사람의 가치를 가장 높게 쳐준 것이 미국 오바마 행정부이고 약 100억입니다. 그러나 그것은 표준가치이고 사람마다 그 거래 가치가 천차만별입니다.

 한 유명 인사와 점심 식사할 수 있는 티켓이 20억 원에 팔

렸고 이집트 피라미드 무덤을 만들기 위해 매년 10만 명이 20년간 작업을 했던 그 무덤 주인공의 가치는 얼마이고 리비아의 카다피가 집권을 반대하는 시위대를 사살하는 대가로 준 액수는 한 명당 220만 원이었다고 합니다.

그렇다면 나의 가치는 얼마일까요?
표준가치인 100억 원보다 높을까요, 낮을까요?

니체가 말했듯이 사람의 가치는 타인과의 관계에서만 측정될 수 있다면 다른 사람들이 나를 과연 얼마의 가치로 볼까요?

나라는 가치는 금전으로 환산할 수 없는 존엄성이 있지만 거래적 의미의 나에 대한 평가는 분명히 있을 것입니다.

타인과의 관계에서 나의 가치를 정하는 기준은 무엇일까요?
내 생각과 행동이 얼마나 다른 사람들에게 이로운가에 달려 있다고 아인슈타인은 말합니다.

오늘날 지식 정보화 시대는 사람이 주인공이고 사람의 가치가 중시됩니다. 이 시대의 화두는 사람의 가치이고 그것이 정치 경제를 비롯한 모든 분야의 열쇠입니다.

남을 위하는 생각과 행동을 나는 얼마나 하고 있을까요?

*******

 캘리포니아대 한 교수는 행성의 나이와 크기, 질량, 온도 등을 고려해 가치를 산정했다고 한다. 달과 태양은 엄청난 가치의 광물과 에너지 자원을 보유하고 있어 그 가치 측정 불가. 태양이 1초 동안 방출하는 에너지 중 지구에 오는 것은 20억분의 1에 지나지 않지만, 그 빛을 전력으로 환산하면 매일 약 19경 2천조 원 이상 된다고 함.

 예일대의 한 교수는 인간의 호르몬과 DNA 등을 참작, 인체를 약 650만 달러에 이른다는 결론을 내렸다.

 기원전 2600년경 이집트 왕 무덤을 만들기 위해 매년 10만 명이 3개월씩 20년간 작업하여 총무게 575만 톤의 돌 250만 개를 사용했다고 함. 조선 초기, 말 한 마리 값이 포 500필이었을 때 남자 종의 몸값은 포 100필, 여자 종은 포 120필 정도였다고 함.

 당신의 가치는 당신이 어떤 사람인가에 달려있다. 당신이 가지고 있는 물건과는 상관이 없다. - 토마스 에디슨

## 🌸 3일 동안만 볼 수 있다면

만약 내가 3일간만 볼 수 있다면,

첫날에는 나를 가르쳐준 설리번 선생님을 찾아가 그분의 얼굴을 바라보겠습니다. 그리고 산으로 가서 아름다운 꽃과 풀과 빛나는 노을을 보고 싶습니다.

둘째 날엔 새벽에 일찍 일어나 해가 뜨는 모습을 보고 싶습니다. 저녁에는 밤하늘의 반짝이는 별을 보겠습니다.

셋째 날엔 아침 일찍 큰길로 나가 부지런히 출근하는 사람들의 활기찬 표정을 보고 싶고, 점심때는 영화를 보고 싶고, 저녁에는 화려한 네온사인과 쇼윈도 상품들을 구경하고 집에 돌아와 3일간 눈을 뜨게 해주신 하나님께 감사의 기도를 드리고 싶습니다.

위 내용은 헬렌 켈러의 유명한 〈3일 동안만 볼 수 있다면〉 기도문입니다.

그녀가 그토록 간절히 보고 싶어 하는 것을 나는 날마다 보면서도 감사한 마음으로 살지 못하고 있습니다.

 아름다운 꽃들, 향기롭고도 연한 풀들, 새들의 노래, 별들의 역사, 맑은 시냇물, 푸른 하늘, 나무들, 신선한 공기, 서늘한 바람. 따스한 햇볕, 경이로운 햇빛 등등. 우리가 공짜로 볼 수 있는 그 많은 것들에 대한 감사한 마음이 나는 없습니다.

 감사하는 마음은 높은 자기성찰에서 나온다고 합니다.
 온갖 고난 속에서, 고난을 이겨내고자 하는 마음에서 나온다고 합니다. 고난에 좌절하는 자는 불평만 생각합니다.

 감사하는 마음은 높은 교양에서 나오는 것으로 저속한 인간에게서는 이것을 찾아볼 수 없다고 합니다.

 감사하는 마음은 역경을 이겨내는 힘을 준다고 합니다.
 감사하는 마음은 계속 감사할 일을 만들어 낸다고 합니다.

※※※※※※

헬렌 애덤스 켈러(1980-1968)) 미국의 작가, 교육자이자 사회주의 운동가. 시각, 청각 중복 장애인이다. 그녀는 어려서 열병을 앓고 난 후 시력과 청력을 잃은 뒤 가정교사 앤 설리번을 만나 장애를 극복하고, 평생 장애인을 위한 사업에 헌신하였다. 〈사흘만 볼 수 있다면〉 이란 책은 50대의 그녀가 눈이 뜨여 세상을 볼 수 있게 된 기적적인 상황을 가정한 작품.

미국 미네소타주에 기적적인 이야기가 있다.
1874년부터 77년까지 3년에 걸친 가뭄과 심한 메뚜기떼로 농작물이 전부 죽은 적이 있는데 모든 주민이 감사기도를 하기로 했다. 농작물이 전멸하였으나 몸이 살아 있고 앞으로의 기회를 주시는 하나님께 감사하자는 것이다. 미네소타 주민 전체의 감사기도가 하늘을 덮자, 들판을 덮었던 메뚜기떼가 며칠 사이에 전부 죽었다고 한다. 과학자들은 기적으로 밖에 설명할 길이 없다고 했다고 한다.

## 🌸 세상에서 가장 경이로운 작품

 세상에서 가장 값비싼 작품은 무엇일까요?

 피카소의 파이프를 든 소년이 약 1,200억 원이고, 미켈란제로의 예수와 성모마리아는 약 3,380억 원으로 추정한다고 합니다. 왜 이들의 작품이 이렇게 값이 어마어마할까요?

 단순한 그림이 아닌 그들의 예술혼이 지금도 여전히 살아서 우리에게 감동을 주기 때문입니다.

 피카소는 보이는 대로 그리지 않고 자기의 혼을 투영하여 그 느낌, 생각을 그렸다고 합니다. 미켈란제로 역시 남에게 인정받기 위한 것이 아닌 자신의 혼을 다 쏟아서 자신이 만족하는 그림만을 그렸다고 합니다.

 이 세상에서 단 하나 그들만이 그릴 수 있는 그들의 혼이 담겨있는 유일한 것이기에 사람들은 열광하는 것입니다.

 그렇다면 이들의 작품이 세상에서 가장 값비싼 것일까요? 아닙니다. 더 고귀하고 경이로운 것이 있습니다.

지금 내가 나 자신을 바라보면서 나의 혼과 몸을 바치는 순간입니다. 지금 내가 혼과 몸을 다 바쳐 일하고 있는 '나의 지금'이라는 작품이야말로 가장 경이롭고 아름다운 가치 있는 것입니다. 그 가치는 얼마나 될까요?

피카소의 '파이프를 든 소년'과 미켈란제로의 '예수와 성모마리아'를 줄 테니 지금 내가 누리는 이 순간의 열정과 혼이 담긴 작품을 주겠냐고 한다면 나는 바꿀 수 있을까요?

내가 나의 혼과 몸을 다하여 임하는 이 순간 '나의 지금'이라는 작품의 가치, 경이로운 그 가치를 어찌 그 무엇과 바꿀 수 있겠습니까?

나는 이 작품을 나의 마음속에 차곡차곡 쌓아 두렵니다.
세상에서 가장 값비싼 경이로움을 소장하고 있는 것입니다.

※※※※※※

추정이 아닌 실제로 낙찰된 세계 최고가 미술품
5 도라 마르의 초상 (피카소) 9520만 달러
4 파이프를 든 소년 (피카소) 1억417만 달러
3 걷는 사람Ⅰ(알베르토 자코메티)1억430만 달러
2 누드, 녹색 잎과 반신상 (피카소) 1억650만 달러
1 절규 (에드바르 뭉크·1863~1944) 1억1992만 달러


 인간은 현재라는 가치의 중요성을 모른다.
 막연하게 보다 나은 미래를 상상하거나 그렇지 않으면 헛된 과거에 집착하고 있기 때문이다. -괴테

 현재의 시간만이 내의 것임을 알자. 내가 어떻게 할 수 있는 것은 현재뿐이다. -새뮤얼 존슨

 우리는 일 년 후면 다 잊어버릴 것을 간직하느라 무엇과도 바꿀 수 없는 소중한 시간을 버리고 있다. 소심하게 굴기에 인생은 너무나 짧다. -카네기

## 베토벤의 키스

〈사랑의 꿈〉으로 유명한 리스트가 '피아노의 하느님'이 되기까지는 어린 시절 베토벤으로부터 받은 이마의 키스가 큰 격려가 되었다고 합니다.

리스트는 그 감동을 '베토벤의 키스'라고 제자들에게 물려주었고 제자들 역시 그 감동과 격려의 키스를 후학들에게 전해 주었다고 합니다.

베토벤의 키스는 리스트에게 진심 어린 칭찬과 격려가 되었고 어린 리스트의 재능을 마음껏 발휘할 수 있게 하였을 것입니다. 이처럼 칭찬과 격려가 갖는 효과를 피그말리온 효과(Pygmalion effect)라 합니다. 사람은 자기 또는 다른 사람으로부터 긍정적인 기대를 받게 되면 그 기대를 결과로 만들어 버리는 잠재 능력이 있다고 합니다.

그리스 신화에 나오는 피그말리온은 아름다운 여인의 조각을 만들어 함께 생활하면서 그 조각상이 실제 살아있는 여인으로 믿고 사랑하였는데, 결국 그 조각상은 마침내 여인으로 살아났다고 하는 데서 유래합니다.

피그말리온의 신화는 황당한 꾸며낸 이야기에 불과하지만 피그말리온 효과는 현대 심리학에서 입증된 현상입니다. 지금은 심리학에서뿐 아니라 교육학, 경영학 등 다방 면에서 인간의 잠재 능력을 발휘하는 검증된 이론으로 확립되어 있습니다.

나에게 꿈과 희망을 심어주고 나를 믿어주고, 직원들의 능력을 믿고 칭찬해 주고. 사랑하는 연인을 최고의 연인으로 믿고 대하면 실제로 현실로 이루어진다고 합니다.

✳✳✳✳✳✳

 피그말리온 효과(pygmalion effect)란 기대에 따라 학습자의 성적이 향상되는 것을 말한다.

 스티그마 효과(Stigma Effect) 또는 낙인효과(烙印效果)는 상대방에게 부정적으로 무시당하거나, 부정적인 영향을 받으면 부정적으로 변해가는 현상을 말한다.

## 5. 나를 이기는 연습

사이렌 섬
욕망과 목석
거미의 도전
포기하지 않은 희망
우화
어둠과 촛불
외로움은 희망
손에 꽃을 들고 미소 짓다
마시멜로의 유혹

## 사이렌 섬

  그리스가 동방의 찬란한 왕국 트로이를 정복할 수 있었던 것은 무엇일까요?

  바로 그 유명한 〈트로이의 목마〉 전술이 있었기 때문입니다. 오늘날까지 '그리스인이 주는 선물을 조심하라'는 말은 바로 이 전술 탓이라고 합니다.

  그 전술을 생각해 낸 인물이 바로 오디세우스(로마 이름, 율리시스)입니다.

  그는 아킬레스처럼 뛰어난 전사도 불가사의한 요술을 부리는 신도 아니었습니다. 우리와 똑같은 감정과 능력을 지닌 평범한 장군이였지만 지혜로운 사람이었습니다.

  그가 전쟁을 마치고 사랑하는 아내가 기다리는 고국으로 가는 항해 길은 시련의 연속이었습니다.

  그 항해의 시련 여정을 그린 서사시가 바로 우리가 다 아는 호머의 〈오디세이〉입니다.

평범한 능력만을 가진 그가 어떻게 그 험난한 시련을 이겨낼 수 있었을까요?

모든 시련과 유혹은 결국 자신과의 싸움이었습니다.
그는 시련을 이겨낼 뛰어난 신체도, 유혹을 물리치는 특별한 정신력도 없었기에 시련과 유혹을 대하는 자신과의 싸움에서 그는 지혜를 발휘하였던 것입니다.

자신과의 싸움에서 나를 이기는 것을 극기라고 합니다.
극기란 나를 극복하여 새로운 경지에 다다른 것을 말합니다.

그러나 내가 극복해야 할 나는, 내가 극복할 수 없는 타고난 인간성입니다. 타고난 인간성을 극복했다면 그것은 이미 인간이 아닙니다.

따라서 엄밀히 말하면 나를 극복한다는 것은 불가능합니다.
다만, 내가 극복해야 할 나를 대처할 뿐입니다.
그것이 지혜입니다.

내가 극복해야 할 나는 용수철과 같습니다.
용수철은 누르면 누를수록 탄성이 강해집니다.
누르고 있다고 해서 극복했다고 할 수 없습니다.
누를수록 더 힘이 들 뿐입니다.
바람은 극복하는 것이 아니라 계산할 뿐입니다.

오디세우스는 귀항 중 사이렌 섬을 지나게 됩니다.
사이렌이라는 요정이 사는 곳인데, 지나는 뱃사람들을 환상적인 목소리로 유혹합니다.

그 유혹에 이끌려 섬으로 들어가면 바로 죽음이 기다리고 있습니다. 그는 그 유혹의 노랫소리를 꼭 듣고 싶었습니다.

그러나 그 어떤 인간도 사이렌의 유혹을 견딜 수 없다는 사실을 안 오디세우스는 어떻게 할까요?

그는 자신을 커다란 돛대에 단단히 묶고, 부하들의 귀는 밀랍으로 완전히 틀어막았습니다.

섬을 지나는 동안 사이렌의 노래가 너무 강렬하여 오디세우스는 풀어달라고 소리를 질렀습니다. 그러나 부하들은 그의 외침도, 사이렌의 노랫소리도 들을 수 없었습니다.

여기에서 사이렌의 노래는 극복할 수 없는 우리 인간성을 비유합니다. 인간성은 피할 수도, 극복할 수도 없습니다.

다만 지혜롭게 대처할 뿐입니다.
지혜롭게 대처한다는 말은 어떤 의미일까요?

※※※※※※

 내 안의 또 다른 나, 그것은 진정한 내가 아니기에 그것을 외면하면 된다. 그자와 싸우면 승리란 없다.

 욕구를 억지로 누르려고 하면 욕구는 끈질기게 지속된다.
 진정한 극기는 자신을 누르는 것이 아니고 새로운 자신으로 변화하는 것을 말한다.

 극기란 욕구 중 어떤 것도 버리지 못하며, 단지 그것을 그저 옆으로 제쳐놓을 뿐이다. 그것들을 다른 욕구로 바꾸는 것이다. 욕망을 거부하지 않으며, 단지 다르게 선택할 뿐이다.

 양명학의 창시자 왕양명은 말한다.
 사람은 반드시 자기 자신을 아끼는 마음이 있어야만 유혹을 이겨낼 수 있고, 유혹을 이겨낼 수 있어야 자기 자신을 이겨낼 수 있고 비로소 자신을 완성할 수 있다.

## 욕망과 목석

파자소암(婆子燒庵)이란 유명한 화두가 있습니다.
노파가 암자를 불태워 버린다는 뜻입니다.

옛날에 한 노파가 세상 사람들에게 등불이 되는 사람을 얻고자 암자를 지어 한 수행자를 지극정성으로 모셨습니다.

20년이 되는 날, 그 노파는 수행자의 경지를 알아보고 싶어 딸을 시켜 유혹하게 하고 그 수행자의 태도를 보았습니다.

그 수행자는 노파의 딸이 자신의 품에 안겨 유혹하자 말했습니다.

"고목이 바위에 기댄 듯 아무 느낌이 없도다"

딸은 그대로 노파에게 말했습니다.
그러자 노파는 그동안 20년을 헛고생했다며 불같이 화가 나서 그 수행자를 내쫓고 암자를 불살라 버렸습니다.

그 수행자는 무엇을 잘못했기에 쫓겨났을까요?

그 노파는 왜 화를 내고 암자를 불태워 버렸을까요?
　……
　……

노파는 감정이 메말라 버린 바위와 같은 수행자를 원하지 않았습니다. 딸의 유혹에 쉽게 넘어가는 욕망에 굴복하는 모습은 더더욱 아니었습니다.

감정과 욕망이 있으면서도 현명하고 지혜롭게 대처하는 모습을 노파는 다만 보고 싶었던 것이 아니었을까요?

욕망을 이긴다는 것과, 욕망을 없앤다는 것과는 다릅니다.

인간의 본성인 욕망이 사라질 수 있을까요?
설사 수행을 통해 그 욕망을 없앨 수 있다고 하더라도 본성을 잃은 자가 어찌 세상 사람들의 등불이 될 수 있을까요? 어찌 세상 사람들의 아픔을 알 수 있을까요?

꽃을 보고 아름다움을 느끼지 못한다면 어찌 사랑이란 감정이 나올 수 있을까요? 사랑이란 감정도 없이 어찌 등불이 될 수 있을까요?

　……
　……

〈너의 아름다움이 만방의 꽃보다 더하고 너의 육체에 나의 욕정이 하늘을 찌르지만 나는 너의 아름다움을 취하는 것보다 너의 아름다움을 지켜주는 그 사랑을 너에게 주고 싶구나.〉

그 노파는 혹시 이런 지혜롭고 자애로운 모습을 원하지 않았을까요?

❋❋❋❋❋❋

 욕망이 없는 바위처럼 되는 것이 수행의 목표가 아니다. 욕망 속에 있으면서도 욕망에 물들지 않는 욕망의 지혜로운 사용을 강조한다.

 니체는 욕망을 억압하지도 굴복하지도 않으면서 조화 안에서 평온을 유지하는 자가 진정으로 강한 인간이라고 본다. 그는 욕망은 우리에게 주어진 삶의 조건이며 그 자체에는 옳고 그름이 없다고 한다. 야생마를 잘 길들여 타고 다니면 인생의 좋은 동반자가 될 수 있다고 했다.

 욕망을 억제하기 위해 열정마저 식게 해서는 안 된다. 열정은 행동으로 옮기는 에너지이다. 선각자들은 열정이야말로 자기실현으로 가는 길이라고 한다. 따라서 극기는 결코 열정을 부정하지 않는다.

## 🌸 거미의 도전


당신에게 갑자기 생각하지 못한 100억이 생겼습니다.
이 100억이란 돈을 어떻게 할까요? 차분히 생각해 보세요.

만약, 그 돈으로 내가 꿈꾸던 사업 또는 일을 위해 몽땅 쓰겠다고 생각한다면 그렇게 생각한다면, 다음 글을 읽을 필요가 없는 사람입니다.

그러나 그 돈을 조금만 쓰고 아껴서, 저축하고 두고두고 조금씩 쓰겠다는 생각이라면 그런 사람이라면 다음 글을 읽을 필요가 있을 것입니다.

나에겐 꿈이 있습니다. 아직도 나의 가슴에는 소년의 꿈이 있습니다. 그 꿈이 언젠가 가슴속에서 밖으로 나와 현실로 변할 것이라는 꿈이 있습니다.

그러나 그 꿈은 가슴속에서 지금까지 나오지 못하고 있습니다. 왜 그럴까요? 두려움 때문입니다.

밖으로 나오면 나의 실수로 그 꿈마저 사라질까 두렵습니다.

실수하면 모두가 사라진다고 생각합니다. 그래서 그 실수가 두렵습니다. 그 실수가 두려워, 내 스스로 꿈을 밖으로 내놓지 못하고 있는 것입니다.
　……
　……

식민지 조국을 구하고자 헌신을 다 한 사람이 있었습니다. 거듭된 패전으로 동지들은 다 죽고 살아남은 사람들은 다들 알아서 도망을 가버렸습니다.

혼자 남은 그 사람은 깊은 산속으로 도망쳐 한참을 헤매다 움막을 발견했습니다. 그는 그곳으로 들어가 쓰러져 절망하여 누워있었습니다. 이제 아무 희망이 보이지 않았습니다.

조국의 해방은 불가능으로 보였습니다.
싸워보았자 동료들만 죽어 나가고 승리란 운명에도 없는 것 같았습니다. 육신은 파김치가 되었고 마음은 절망감에 자포자기 상태가 되어버렸습니다. 죽음만이 유일하게 보였습니다.

그때였습니다.

누워있던 움막의 천정에서 한 마리의 거미가 움직이는 것이 보였습니다. 그 거미는 천정에서 자신의 줄을 타고 내려와 허공에서 몸을 이리저리 흔들었습니다. 점차 그 진폭을 넓히더니 그 진동을 이용해 힘차게 몸을 날렸습니다.

그러나 그 거미는 자신의 줄이 끊어져 바닥에 떨어지고 말았습니다. 그런데 거미는 천정으로 다시 기어 올라가더니 다시 줄을 타고 내려와 그 행동을 똑같이 했습니다.

또 줄이 끊어져 바닥에 떨어졌습니다.
거미는 또 그 행동을 반복했습니다.

기어 올라가 줄을 타고 내려오다 몸을 날리고 떨어지고.
무모한 짓을 계속하는 거미가 측은해 보였습니다.
자신의 처지를 보는 것 같았습니다.

그런데 웬일입니까?

6번을 바닥에 떨어졌던 거미는 7번의 시도 끝에 마침내 목적지에 착륙하여 줄을 잇고, 그 이어진 줄을 이용 다른 줄을 만들고 하더니 어느 순간 자신의 집을 짓고 있었습니다.

갑자기 머리를 얻어맞는 기분이었습니다.

〈그래 저것이다. 실수가 반복되면 결국 성공하는구나.〉

그는 그곳을 나와 다시 힘을 길러 동지들을 규합 전쟁을 했고 승리했습니다.

그가 바로 영화 브레이브 하트에서도 나오는 스코틀랜드의 독립 영웅 로버트 1세입니다.

실수가 없는 성공은 없습니다.
실수를 두려워한다면 가슴속에 꿈은 현실의 밖으로 나오지 못합니다. 실수는 두려움의 대상이 아니었습니다.

실수는 오히려 꿈이 현실로 변하는 신호였습니다.

나를 지금껏 오그라들게 했던 그 두려움은 실수에 대한 두려움이 되어서는 안 되고, 오히려 실수가 두려워 도전하지 못하는 자신을 두려워해야 했습니다.

세상을 살다 보면 인생의 기둥이 흔들리는 위기의 상황을 맞기도 합니다. 이런 급박한 상황을 만나면 마음이 흔들리기 시작합니다. 결국 기둥이 흔들리기도 전에, 마음이 먼저 흔들려 위기가 현실로 닥치게 된다.

〈周易〉에서는 이럴 때
독립불구(獨立不懼), 홀로 서서 두려워하지 마라.
이유유왕(利有攸往), 가던 길을 계속 가는 것이 이롭다.
불굴의 정신이 운명을 바꾼다는 주역의 섭리를 말한다.

억울한 모함으로 옥고를 치른 이순신 장군에게는 겨우 12척의 배밖에 남아 있지 않았다. 병력의 열세로 수전에서는 패배할 수밖에 없다고 판단한 선조는 장군에게 수군을 없애고 육군에 합류하라 지시를 내렸다.

이에 대해 이순신 장군은 '상유십이척 미신불사'(尙有十二隻微臣不死 ) 아직도 배가 열두 척이나 남았고, 미천한 신 또한 죽지 않았다. 라는 굳건한 마음을 전하고 전쟁에 임했다. 그리고 12척의 배로 3백 척이 넘는 왜적을 무찌르는, 세계 해전사에 유례가 없는 승리를 거두었습니다. 바로 명량해전이다.

처칠이 명문 옥스퍼드 대학에서 한 졸업 축사는 '결코, 포기하지 말라(never give up)'는 한마디였다고 한다.

그는 말더듬이 학습장애인으로 초등학교 어린 시절을 '희망이 없는 아이'로 보냈다고 한다. 중학교 때도 낙제로 3년을 유급을 했고, 사관학교 시험에 두 차례나 떨어진 보통 수준의 인물이었다고 한다. 그런 그가 2차 세계대전의 영웅, 영국의 수상이 되고, 노벨 문학상까지 받을 수 있었던 비결은 결코, 포기하지 않는 삶을 살았기 때문이라고 한다.

한 제자가 스승에게 물었다.
"성공하는 길로 가려면 어느 쪽으로 가야 합니까?"
스승이 답했다.
"이쪽으로 가라"
제자는 스승의 말대로 계속 갔다. 그러나 아무리 가도 성공이 보이지 않아 돌아왔다. 다시 제자가 묻자, 스승은 같은 방향을 가리키며 말했다.
"이쪽으로 가라"
그래서 다시 같은 방향으로 가봤지만 나오지 않자, 화가 나서 제자가 따졌다.
"스승님, 왜 자꾸 그릇된 길을 가르쳐주십니까?"
스승이 대답하였다.
"너는 항상 성공에 가까이 다가갈 무렵이면 돌아오더구나."

## 포기하지 않은 희망

 남극과 북극을 탐험하던 두 탐험대가 조난-당했습니다.
 두 탐험대는 지구의 극과 극의 다른 곳에서 똑같은 상황에 처한 것입니다.

 가도 가도 끝이 보이지 않는 얼음벌판, 사람이 생존할 수 없는 극한 추위, 그리고 굶주림. 모든 교신이 끊기고 식량은 바닥이 나고 그야말로 죽음만이 보이는 상황이었습니다.

 그런데 남극 팀 27명은 무려 600여 일을 넘게 생존하여 전원이 구조되었고 북극 팀 11명은 추위와 굶주림을 견디지 못하고 전원이 죽었습니다.

 똑같은 상황에서 왜 극과 극의 다른 결과가 나왔을까요?

 포기하지 않는 개구리가 버터를 만든다는 속담이 있습니다.
 두 마리의 개구리가 우유 통에 빠졌습니다.

 한 개구리는 처음 몇 번은 다리를 움직이다 우유에 빠져 죽었고, 다른 개구리는 가라앉지 않기 위해 끝까지 다리를 움직였습니다. 결국 우유는 버터로 굳어져 그 개구리는 살았습니다.

갱도가 무너져 700미터 지하에 갇힌 광부들이 구조된 적이 있습니다. 33명의 광부들은 산소부족과 굶주림 속에서 무려 70여 일을 버텼다고 합니다.

구조 과정에서 전달된 그들이 보낸 쪽지에는 다음과 같이 적혀있었다고 합니다.

우리는 33명이 아니라 34명이다.
하느님이 우리와 함께 계시기 때문이다.

심리학자들에 의하면, 사람은 깊은 산속에서 길을 잃었을 때 길을 잃었기 때문에 죽는 것이 아니라, 길을 잃었다는 절망감에 길을 찾으려는 의지를 포기하여 스스로 죽는다고 합니다.

북극 탐험대는 조난이 길어지자, 희망을 버렸습니다.
희망이 없어지자, 그들은 서로가 적으로 변하여 싸우게 됩니다. 부족한 식량과 연료는 자기가 살아남기 위해서는 남들은 방해물에 불과했습니다.

반면, 남극 팀은 구조될 수 있다는 희망을 버리지 않았습니다. 그들은 서로가, 서로를 의지하며 격려하고 힘을 보탰습니다. 구조될 수 있다는 하나의 희망이 여럿으로 모아져 현실이 된 것입니다. 그들은 외부 환경을 바꿀 수는 없었지만, 절망

속에서도 생각을 바꾸어 희망으로 극한 환경을 극복하고 마침내 구조되었던 것입니다.

헤밍웨이는 〈노인과 바다〉에서 노인을 통해 상어와 싸우며 말합니다.

'희망을 버리는 것은 어리석다. 희망을 버리는 것은 죄악이다.'

우리는 살아가면서 수많은 절망을 느끼고 포기를 합니다. 우리의 마음과 뇌는 나약하고 현실은 벅차기 때문입니다.

그러나 우리의 생각은 우리가 선택할 수 있습니다.
희망을 생각하고 포기하지 않을 때 우리의 생각은 나약한 나를 지혜롭고 강하게 만듭니다.

나치스에 의해 아우슈비츠 감옥에 수용된 유대인 의사의 이야기이다. 가스실과 실험실에서 죽임을 당하고 있는 동족들의 행렬을 보면서 자기도 언젠가는 실험 대상이 될 것을 예감하고 있었다. 그는 노역 시간에 유리병 조각을 주워 몰래 숙소로 가지고 왔다. 그는 날마다 그 유리병 조각으로 면도했다. 그는 면도하면서 중얼거렸다.

"희망을 버리지 않으면 언젠가는 좋은 날이 올 것이다."

날마다 나치스 들은 그날 처형할 자들을 데리고 나갔다.
그들은 파랗게 면도를 한 그 의사는 차마 가스실로 보내지 못했다. 그의, 잘 면도 된 턱을 보고 그는 아직 죽을 운명이 아니라는 인상을 받았기 때문이다.

많은 동족이 가스실로 보내질 때마다 그는 자신의 비망록에 이렇게 썼다.

"고난 속에서 죽음을 택하는 것은, 가장 쉽고 나태한 방법이다. 죽음은 마지막에 선택해도 된다. 서두를 필요가 없다. 그때까지 희망을 버리지 않는 사람은 반드시 구원받는다."

그 의사는 결국 나치스가 완전히 패망할 때까지 살아남았다.

## 🌸 우화

　수행하는 사람들 사이에서 자주 회자하는 괴물에 관한 유명한 우화가 있다.

　옛날 한 나라에 왕이 외출하고 없는 시간에 괴물이 침입하였다. 험악하고 추한 모습에 지독한 악취를 풍기고 쌍스러운 욕을 하며 쳐들어온 것이다.

　사람들은 그 광경에 기가 질려 공포로 몸을 떨었다.
　그 틈에 괴물은 왕의 자리를 찾아가 앉더니 왕의 행세까지 하였다. 사람들은 더 이상 무서워하고만 있을 수 없었다. 괴물이 지배하면 큰일이기 때문이다.

　사람들은 힘을 합하여 일제히 괴물에게 돌을 던지고 같이 욕을 하고 소리를 질렀다. 그런데 웬일인가?

　사람들로부터 돌을 맞고 욕을 먹으면 먹을수록 괴물은 냄새도 심해지고 더 흉악하게 모습이 커지는 것이었다. 그래도 사람들은 돌을 던지고 계속 욕을 하며 쫓아내려고 했다.

그러자 괴물은 왕궁을 채울 만큼 커져 버렸고 급기야 나라 전체가 오물과 냄새로 진동하였다.

그때 마침 외출했던 왕이 돌아왔다.
왕은 이 광경을 보고 악마에게 다가갔다.

"오셨습니까? 내가 없는 사이에 사람들이 실례를 했습니다. 용서하시고 화를 푸십시오."

그러자 악마는 다시 작아지는 것이었다. 사람들도 왕을 따라서 달랬습니다. 악마는 점점 작아지더니 어느 순간 흔적도 없이 사라져 버렸다.

이 우화가 암시하는 것은 무엇일까요?

내 안에서 또는 내 밖에서 일어나는 현상을 어떻게 대처하는 것이 지혜로운 것인가에 대한 해답이 암시되어 있습니다.

진달래 피어나는 봄날에 좋은 사람들과 산행을 하고 싶은데 비가 옵니다. 그런데 그 비가 싫다고 해서 그 비를 그치게 할 수 있을까요?

자연현상은 나의 의지와는 무관하게 일어나고 있는 것입니다. 마찬가지로 내가 원하지 않는 욕구와 감정도 내 안에서 일어나지만 내가 내 의지로 제거할 수 없는 자연현상입니다.

내 안에서 일어나는 욕구와 감정의 변화가 자연의 기후변화와 무엇이 다르겠습니까?

내 안에서 일어나는 각 종의 나의 모습은, 내가 아무리 부정해도 그것도 결국 나의 한 모습일 수밖에 없습니다. 그것도 나임을 인정하고 이해해야 할 자연현상입니다.

병, 욕망, 고난 등을 대할 때에도 무턱대고 쫓아내려고만 할 것이 아니라 그저 나에게 찾아온 손님이려니 하고 마음 편하게 여기면서 그것들이 떠날 때까지 지혜롭게 잘 지내는 것이 오히려 도움이 된다고 한다.

나를 이기는 지혜로운 연습은, 나와 전쟁을 선포하는 것이 아니라 나를 이해하고 화해하는 길을 찾아내는 것입니다.

이 우화가 암시하는 지혜로운 나를 이기는 연습입니다.

## 어둠과 촛불

촛불은 어둠을 밀어내지만
어둠에서 피어나고 어둠을 통해 살아간다.

어둠은 촛불로 태워버릴 수 없는
촛불과 공존하는 현상이다.

어둠이 움직이면 촛불도 움직이고
촛불이 흔들리면 어둠도 흔들린다.

내 안에 존재하는 어둠
희망의 촛불을 살려내는 에너지이고
희망의 씨앗을 품고 있는 흙이다.

나를 이기는 지혜는
나를 부정하는 것이 아니라 나를 인정하는 것이다.

## 외로움은 희망

 외로움을 방지하는 그릇을 보신 적이 있습니까?
 주로 '패스트푸드' 점에서 혼자 식사하는, 그 짧은 시간마저도 외로움을 못 견디는 현대인들을 위해 고안된 그릇입니다.

 그릇에 스마트폰을 꽂을 수 있게 되어 있습니다.
 스마트폰을 보면서, SNS상의 사람들과 함께 같이 식사하고 있다고 생각합니다.

 언제부턴가 우리들은 카톡이나 트위터, 페이스북에 수시로 글을 올리고 댓글을 달며 다른 사람들과 부단히 소통합니다.

 다른 사람들과 유대관계를 갖고 있다는 것 말고는, 그 내용이 자기의 삶과 별 상관이 없는데도 그곳을 떠나지 못하고 함께 있기에 외롭지 않음을 확인하고 위안을 받기 때문입니다.

 갈수록 우리는 외로움에 대한 내성을 잃어가고 있습니다.
 잠시라도 혼자 있으면 안절부절못하여, 여기저기 전화를 하고 카톡을 합니다.

SNS에서 밀려나거나 왕따당하면 세상의 종말이 온다고 느껴져 외로움이 싫고 무섭습니다. 그래서 죽을 일도 아닌데 극단적 선택도 합니다.

영화 〈예의 없는 것들〉에서 잠깐 소개되는 이야기입니다.
노점상을 하는 장애 여인을 못된 남편은 수시로 폭력을 행사하고 돈을 가져갑니다.

한 청년이 불쌍한 장애 여인을 구하고자 정의로운 마음으로 남편을 죽입니다.

그런데 그 여인은 좋아하기는커녕 실성하다 자살합니다.
남편이 없는 외로움에 살 자신이 없었기 때문입니다.
폭력보다 무서운 것이 외로움인 것 같습니다.

우리는 외로움을 문명으로부터 빼앗긴 시대에 살고 있습니다. 그래서 어느 순간 외로움이 오면 그것을 직시하고 인내할 힘이 없습니다. 그래서 우리는 어떻게 해서든 외로움을 도망치고자 애를 씁니다. 집에서, 직장에서 그리고 길거리에서. 고독 공포증에 빠져있습니다.

외로움이란 무엇일까요?
외로움은 우리가 기를 쓰고 도망쳐야 할 대상일까요?
도망치면 외로움은 우리에게서 멀어질까요?
외로움은 어디에서 오며 무슨 이유로 오는 것일까요?

놀랍게도, 외로움은 그리움에서 옵니다.
외로움은 내가 가고자 하는 길을 걷고 있지 않을 때, 길을 잃고 방황하고 있을 때, 그 그리움에서 외로움은 옵니다.

그리움에서 오는 외로움은 희망입니다.
그래서 외로움은 그 속으로 우리가 걸어 들어가야 합니다.
끝까지 그 외로움에서 희망의 그림자를 보아야 합니다.

외로움을 피하려고 하면 희망은 증발해 버립니다.
외로움의 갈증만이 계속됩니다.
마치 소금물을 마시는 것과 같습니다.

외로움은 어둠이지만 그 어둠이 진해지면 어느 순간, 까만 구두가 광채가 나듯 거울이 되어 나를 비추어 줍니다.

레오나르도 다빈치는 말했습니다.

"나는 누군가와 둘이 있을 때는 나의 반쪽밖에 없는 것 같다. 그러나 나 혼자 있을 때는 좀 더 온전하다."

외로움으로 인해 생겨나는 대표적인 중독에는 '관계 중독'이 있다. 즉 사람에게 중독된다는 뜻으로써 사람에 대한 지나친 의존증이라 말할 수 있다.

나 자신이란 것은 없고 다른 사람과의 관계가 생활의 전부를 이룬다는 것이다. 사람들과의 관계를 통하여 자신의 공백을 메워 두려움을 극복하고자 하는 일종의 정신 질병이다.

괴테는 말한다.
"인간은 사회 속에서 사물을 배울 수 있다. 그러나 영감을 받는 것은 오직 고독 속에서다. 외로움에서 상상을 할 수 있고 꿈을 확인하고 꿈을 꾸고 확인한다."

고독과 마주한다는 것은 결국 나 자신과 마주하는 것이고 고독은 관계로부터의 단절(loneliness)이 아니라, 관계의 회복을 위한 성숙의 기회라고 한다.

외로움은 절망의 시간이 아니라, 자신을 발효시키는 기회이고 외로움은 벗어나려고 하면 할수록 더욱 외로워지지만 외로움을 맞이하면 외로움은 자신의 거울이 된다고 한다.

## 🌸 손에 꽃을 들고 미소 짓다

연화미소(蓮花微笑),
손에 꽃을 들고 미소 짓다. 라는 뜻입니다.

어떻게 살아야 하는지를 설파한 답입니다.

연꽃은 더러운 시궁창에서 피어납니다.
깨끗하고 좋은 환경에서는 연꽃은 피지 않습니다.
더러운 시궁창에서만 연은 꽃으로 승화하는 것입니다.
꽃은 너무도 깨끗하고 아름다워 경이롭습니다.

나의 삶은 때로는 힘들고 외롭습니다.
그 절망의 외로움을 이겨내기가 너무 힘이 듭니다.
그러나 외로움과 절망은 나의 거울입니다.

절망에 혼자 있을 때 비로소 실체를 보는 것이고 나를 직시하고 화장을 고치는 것, 그것이 외로움입니다.

문제는, 나의 힘으로 도저히 해결할 수 없는 외로움과 절망이 있습니다. 도저히 희망이 안 보이는 극단의 외로움과 절망이 있습니다. 일반의 식물이 자랄 수 없는 시궁창처럼 해법이 없는 외로움과 절망이 숙명으로 다가올 때가 있습니다.

보통의 식물은 시궁창에서 살아남지 못하듯이 그러한 절망적인 극단의 외로움에서 우리는 포기를 합니다.

그러나 연꽃은 시궁창에서 승화하여 피어나듯 인생의 찬란한 꽃은 극단의 절망과 외로움에서 피어납니다. 잎이 지는 외로움과 절망이 있었기에 새로운 생명이 피는 것과 같습니다.

삶은 외롭고
서글프고 그리운 것

이중섭은 그렇게 말했습니다.
가난 때문에 부인도 도망가고 자식들도 죽었습니다.
그 극단의 절망과 외로움이 있었기에 이중섭은 그림의 꽃을 피운 것입니다.

손에 연꽃을 들고 미소 짓다.
그 심오한 가르침이 나를 고개 숙이게 합니다.

연화미소(蓮花微笑) 또는 염화미소(拈華微笑)는 석가(釋迦)가 연꽃을 들어 대중들에게 보였을 때 사람들은 그것이 무슨 뜻인지 알지 못했으나, 제자 한 명이 그 참뜻을 깨닫고 미소를 짓자, 석가는 비로소 그에게 설법을 전하였다는 데서 유래, 이심전심이란 뜻으로 사용된다.

그러나 여기에서는 연이 시궁창에서 자라지만 고결한 연꽃을 피워내는 연의 자기 창조를 보고 사람은 외로움과 고난에서만 자기완성을 이룰 수 있다는 뜻으로 풀이하였다.

연꽃의 특징

연꽃은 진흙탕에서 자라지만 더러움에 물들지 않고
연꽃잎 위에는 한 방울의 오물도 스며들지 않으며,
연꽃이 피면 연못의 썩은 냄새는 사라지고 향기가 가득하고
연꽃은 언제나 푸르고 맑은 줄기와 잎을 유지한다.

## 🌸 마시멜로의 유혹

 선생님이 아이들에게 사탕 과자 하나를 주면서 지금 먹으면 한 개를 먹을 수 있지만 선생님이 돌아올 때까지 먹지 않고 있으면 두 개를 주겠다고 제의했습니다.

 아이들의 반응은 다양했습니다.
 먹지 않고 끝까지 버틴 아이, 참다가 먹어버린 아이, 곧바로 먹어버린 아이.

 15년 후 이 아이들은 어땠을까요?
 참아냈던 아이들은 학교 성적 등 생활의 모든 면에서 우수했다고 합니다. 그 후 추적에서도 인내한 아이들은 성공적인 생활을 누리고 있었던 반면, 참지 못하고 먹어버린 아이들은 마약 중독 등 불행한 삶을 살고 있었다고 합니다.

 스탠퍼드 대학 미셸 박사의 그 유명한
〈마시멜로 marshmallow 사탕 과자〉 실험입니다.

 지금을 참아낸다는 것은 자신을 이긴다는 것입니다.
 자신과 싸워 이긴다는 것을 극기(克己)라고 합니다.

승(勝)이란 남과의 경쟁에서 이기는 것을 말하며, 극(克)이란 자기의 욕구를 이겨내 거듭나는 것을 말합니다.

노자는 말했습니다.
남과 경쟁해서 이긴다는 것은 힘이 세다는 것이지 결코 강하다는 뜻은 아니다. 자기와 싸워 이기는 자가 진정 강한 자이다. 자승자강 **自勝者强** 이라 합니다.

플라톤도 말했습니다.
최대의 승리는 내가 나를 이기는 것이다.

경쟁에서 남을 이기는 것은 조그만 승리입니다.
삶이란 남을 이기는 것이 아니라 나를 극복하는 것입니다.
극복의 대상은 외부에 있는 것이 아니라 내 안에 있는 나입니다. 자기와의 끝없는 싸움이 우리의 삶입니다.

그 싸움에서 나를 이기는 방법은 무엇일까요?

로마의 황제 마르쿠스 아우렐리우스는 그의 저서 『명상록』에서 지도자가 갖춰야 할 덕목으로 지혜, 정의감, 강인성과 함께 절제력을 꼽았다. 절제력은 자기 자신의 욕망을 통제하여 균형을 지킬 수 있는 능력을 말한다.

'수신제가치국평천하(修身齊家治國平天下)'에서도 자신의 절제력을 모든 일의 기본으로 보았다.

자신에게 명령하지 못하는 사람은 남의 명령에 따를 수밖에 없다고 니체는 말한다.

말의 경우에도 할 말을 다 하지 않는 절제가 필요하다. 화를 내는 데에도 마찬가지이다. 절제되지 않은 분노는 자신과 이웃을 파괴한다. 남들의 비판에도 침묵이 최상의 응대이다.

## 6. 꿈을 이루는 섭리

우주와 개인을 관통하는 섭리
꿈을 이루는 이것
꿈을 이루는 습관
시냅스 이론
행운을 부르는 좋은 생각
행운의 미사일
고슴도치와 가시나무새
소리 나는 무덤

## 🌸 우주와 개인을 관통하는 섭리

나에겐 꿈이 있습니다.
그 꿈이 언젠가 가슴속에서 밖으로 나와
현실로 나타날 것이라는 꿈이 있습니다.
　……
　……

　자기의 꿈을 이루려면, 여러 가지 방법이 있겠지만 공통으로 필요한 섭리, 원리는 무엇일까요?

　많은 책을 읽고 노력하면서 깨달은 바도 많겠지만, 그 깨달음을 생활 현장에서 적용하기는 쉽지 않습니다.

　생각과 행동은 별개이고 더구나 결과는 생각처럼 빨리 나타나는 것이 아닙니다. 그러다 보니 결심이 풀어지기도 하고 다시 원상태로 돌아와 버리는 자신이 스스로 부끄럽습니다.

　그래서 우리는 자주 방황하고 절망도 합니다.
　꿈을 이루는 각종 방법이 왜 현실적으로 효과가 없는지, 그 이유가 무엇인지, 정말 진지하게 생각해 봅니다.

무엇일까요?
자연과 우주 그리고 우리 개인의 삶을 관통하는 섭리.
그 어떤 원리도 바로 이것이 없으면 탁상공론입니다.


태양과 달, 별들을 보십시오.
이것이 있기에 그들은 제 자리에서 빛나고 있습니다.
숲과 들판은 이것이 있기에 나무가 자라고 꽃이 피는 것이고
바다는 이것으로 인해 온갖 생명들이 자라고 있습니다.
나도 내 꿈을 이루기 위해서 이것은 절대 필요합니다.

절대 불변의 섭리, 바로 이것입니다.

이것의 철학적 의미는 무엇인지,
이것이 왜 우주와 개인을 관통하는 섭리인지,
어떻게 이것을 습관으로 할 수 있는지 살펴보겠습니다.

## 🌸 꿈을 이루는 이것

 자신의 꿈을 이루는 이루고 싶은 여러분에게 하느님이 행운, 믿음, 능력, 근면 중, 하나만을 택하라고 하면 여러분은 무엇을 선택하시겠습니까?

 이 질문에 대한 답은 여러분의 꿈을 현실로 이루는 비법에 대한 정답입니다. 정답을 선택한 분은 꿈을 이룰 자세가 되어 있는 것이고 틀린 분은 불평불만만 가득할 뿐 아직입니다.

 뉴욕타임스가 상위 1%에 해당하는 세계 부호의 특질을 조사했습니다. 각자가 개성이 강해서 각양각색이었지만 딱 하나 공통점이 있었습니다.

 미화 100달러 지폐에 새겨진 미국 역사상 가장 존경받는 미국의 정신적 지주 벤자민 프랭클린이 성공하기 위해 갖추어야 할 덕목 중 제일이 이것이라고 했습니다.

 역사적으로 가장 위대한 왕으로 불리는 알렉산더 대왕은 어린 왕자 시절부터 아리스토텔레스로부터는 지식을, 레오니다스에게서는 이것을 혹독하게 교육받았다고 합니다.

우리는 누구나 자기의 삶에 있어서 무엇인가를 이루고자 하는 뜻을 품고 살아갑니다. 그 뜻이 실제로 이루어질 수 있느냐 여부는 결국 이것에 달려 있다고 해도 과언이 아닙니다.

이 책에서 자신의 꿈을 이루기 위해, 필요한 여러 요소를 하나씩 밝히고 있습니다. 그 요소들도 이것으로 행하지 않으면 공염불에 불과한 이상일 뿐입니다.

우주와 사람을 관통하는 섭리가 바로 이것이라고 말하면 여러분은 실망할 것입니다. 무엇인가 편하고 쉬운 신묘한 비법이 있다고 하면서, 사람 속이는 것도 아니고 말입니다.

그러나 이것이 바로 만사형통의 비법인 것입니다.
이것이 없으면 자신의 꿈을 자신이 원하는 대로 절대 이룰 수 없다는 것은 섭리입니다.

이것이라는 덕목은 단순히 행동만을 말하는 것이 아니고, 자신의 마음을 가다듬어 우주의 섭리를 따르려는 심오한 철학적 수행의 의미가 담겨 있습니다.

이것을 모를 리가 없고, 다만 실행이 어려울 뿐이라고 불평한다면 내가 내 꿈을 이루고 싶은데 악마가 나를 방해하고 있는 것입니다.

행운이란 아무것도 하지 않는 데서 찾아오는 법은 없습니다.
자기의 몫을 다 했을 때 그 자세가 행운을 부릅니다.
원하는 바의 상상, 그리고 긍정적 사고는, 근면을 주인으로 섬겨야 합니다.

이것은 삼라만상의 움직이는 원리입니다.
어찌 자연과 우주의 기본 원리를 벗어난 성공이 있겠습니까?

할 수 없다는 것은, 하기 싫은 마음이다. -스피노자

내가 지금의 경지에 이르기 위해 얼마나 열심히 일하고 또 일했는지 사람들이 안다면 아마 내가 하나도 위대해 보이지 않을 것이다. - 미켈란젤로

어떤 것이든 무엇인가로 대용할 수는 있으나, 근면성을 대신할 수 있는 것은 없다. - 킹슬레이 워드

한 나라의 진정한 재산은 땀 흘려 일하는 부지런한 주민의 손에 있다. - 나폴레옹

실제 삶의 현장에서 꿈을 이루는 실질적인 연장은 지식이 아니라 근면이라 할 것인바, 이처럼 근면이라는 덕목은 단순히 노동만을 뜻하는 것이 아니고 마음속에 간직한 자기의 뜻을 이루기 위해 애쓴다는 수행의 뜻을 함께 가지고 있다.

## 꿈을 이루는 습관

누구나 다 아는 유명한 일화입니다.
매우 가난한 젊은이가 노동자 합숙소에서 생활하던 시절 빈대들이 물어뜯어 밤에 잠을 잘 수가 없었다고 합니다. 빈대들을 잡아보기도 했지만, 임시방편일 뿐 효과가 없었습니다.

나무 탁자를 만들어 자보기도 해보았지만, 빈대들은 끈질기게 탁자 다리를 타고 올라왔습니다.

궁리 끝에 큰 그릇 4개에 물을 가득 채운 다음, 탁자 다리를 그 그릇 속에 담가 놓았습니다. 그러자 빈대들은 물에 빠져 더 이상 기어오르지 못했습니다.

젊은이는 좋아했습니다. 머리를 쓰면 몸이 편한 법입니다.
그런데 이것이 웬일입니까?

하루 정도는 빈대들이 못 올라왔었는데 이틀 뒤부터 다시 빈대들이 탁자 위를 올라온 것입니다.

어떻게 빈대들이 올라 올 수 있었을까요?

위 일화는 고 정주영 회장의 젊은 시절 이야기라고 합니다.
빈대들은 물에 빠지는 시행착오를 겪고 다른 방법을 강구 한 것입니다. 탁자 위에서 잠자는 사람의 피를 기어코 먹어야겠다는 끈질긴 집념으로 말입니다.

빈대들은 본능적인 행동으로 온갖 방법을 강구 했겠지요.
방법은 있었습니다.

벽을 타고 천정으로 기어가 사람에게 떨어진 것이었습니다.
와! 그 모습을 보고 젊은이는 크게 깨달았다고 합니다.
삶을 어떻게 살아야 할지 빈대로부터 배운 것입니다.
빈대의 끈질긴 집념이 너무 대단하지 않습니까?

위 일화는 근면과 끈기가 얼마나 중요한지, 한마디로 말해줍니다. 근면, 부지런함이란 단순한 육체적 작용만을 말하지 않습니다. 혹자는 근면은 과거 육체노동이 지배하던 시대에서나 필요한 덕목이지, 지금 같은 정보화, AI 인공지능 시대, 로봇 시대에서는 창의, 아이디어가 중요하다고 말합니다.

그러나 그것은 단편적인 견해입니다.
근면이 없는 창의와 아이디어는 없습니다.
부지런함에서 아이디어도 역발상도 행운도 생기는 것입니다.

이처럼 근면은 자연과 사회가 돌아가는 원리입니다.

봉체조를 아시나요? 여러 명중 한 명이 요령을 피우면 봉은 흔들립니다. 모두 자기 역할을 다하였을 때 힘도 안 들고 봉은 모양 좋게 체조가 되는 것입니다.

미물인 빈대가 어찌 그 기발한 방법을 알았겠습니까? 본능적으로 부지런히 이런저런 방법을 시도한 끝에 그 방법을 알아냈을 것입니다. 우연이 아닙니다.
……
……

부지런한 습성을 우리는 어떻게 몸에 지닐 수 있을까요?

우선 현재의 자신을 정리할 필요가 있습니다.
문제점이 무엇이고 왜 문제가 발생하였는지, 그렇다면 해결책은 무엇인지, 해결책이 나오지 않는다면 지금 내가 해야 할 일은 무엇인지, 지금 놀지 않고 해야 할 일은 무엇인지 지금 행동으로 옮기는 것입니다. 나중으로 미루는 것이 게으름입니다. 그리고 그 행동을 습관화하는 것입니다.

습관화하는 방법은 3주간의 원칙이 있다고 합니다.

부지런한 습관을 들이는 데는 우리 뇌의 전두엽과 편도체, 해마가 작용한다고 합니다. 일단 어떤 행동을 하자고 마음먹는 것이 중요합니다. 그러면 편도체는 그러자고 협력하고 해마는 이에 따른다고 합니다.

해마의 횟수가 3주 정도에 이르면 이제는 해마가 전두엽과 편도체의 명령 없이도 자동으로 작동하여 바로 습관적인 행동으로 나온다는 것입니다.

근면은 남의 재산을 탐하는 것이 아닙니다.
자기의 몫을 위해 자기의 역할을, 다 한다는 것입니다.

한 번의 상상은 꿈에 불과하지만, 수천 번의 상상은 현실이 되고, 한 번의 실행은 경험이지만, 여러 번의 실행은 습관이 되고 자기가 됩니다.

## 🌸 시냅스 이론

 나의 모습은 내 생각과 행동으로 만들어진다는 것에 대해 당신은 어떻게 생각하십니까?

 나의 모습이란 신체적 외형을 말하기도 하고, 나의 환경 즉 나의 현실을 말하기도 합니다.

 언뜻 생각하면 엉뚱한 헛소리로도 들릴 수 있습니다. 그러나 현대과학에서도 이론을 제기하지 않는 틀림없는 사실입니다.

 이미 수천 년 전 로마의 황제인 그 유명한 마르쿠스 아우렐리우스도 이와 같은 말을 한 바 있습니다.

 "시간이 지날수록 우리의 모습은 생각의 방향에 따라 그렇게 변한다."

 왜 그럴까요? 여러 가지 이론이 있지만 신체 구조로 설명하는 것을 소개하겠습니다. 바로 시냅스 이론입니다.

시냅스는 우리의 뇌세포가 상호 간 정보를 전달할 때 필요한 도구인데 배달부쯤으로 생각하면 됩니다.

시냅스는 작동 빈도가 높아지면 높아질수록 그 기능이 빨라집니다. 점차 익숙해지다가 어느 순간에 전용 회로가 형성됩니다. 나중에는 자동으로 행동하는 습관이 형성됩니다.

사람이 다니는 길이 생기는 것과 같습니다. 수풀이 우거진 험난한 곳이라도 자꾸 헤치고 다니다 보면 마침내 편하고 쉽게 다닐 수 있는 등산로가 생기는 것처럼, 한 번의 실행은 경험이지만 여러 번의 실행은 습관이 되고 자기가 됩니다.

습관이란 제2의 천성이라고 합니다. 타고난 천부적 기질에 버금갈 만큼 소질과 능력을 크게 발휘할 수 있게 합니다.

성공하고 싶은 분야에 흥미를 갖고 계속 행동하다 보면 천재와 버금가는 달인이 된다는 것입니다.

자기의 현실, 외모도 마찬가지입니다. 좋은 생각, 좋은 행동을 자주 하면 좋은 습관을 만들고 그 좋은 습관은 결국 좋은 자기의 현실, 좋은 모습, 좋은 외모도 만들어 내는 것입니다.

우리가 무엇인가를 해내야겠다고 의지를 굳힐 때마다 다음번에는 그 일을 더 쉽게 할 수 있도록 뇌신경이 재배열된다.
- 딘 해머(유전학자)

시냅스는 뇌세포 간의 정보를 전달하는 뉴런이 그러한 역할을 할 수 있도록 하는 도구이다.

사람의 뇌세포는 시간이 갈수록 죽어가지만, 시냅스는 경험과 훈련을 통해 무한정 증가한다고 한다.

머리가 좋다 나쁘다는 뇌세포의 수로 결정하기보다는 시냅스의 수에 의해 결정된다고 함.

##  행운을 부르는 좋은 생각

좋은 생각은 좋은 일을 가져온다고 합니다.
그 이유가 무엇일까요?

바로, 자연 불변의 법칙인 끌어당김의 법칙 때문입니다.
인력의 법칙, 유유상종이라고 하지요.

작은 단위인 전자에서 가장 위대한 사람에 이르기까지 서로가 호감 비호감이 있어 끌고 밀고 하는 현상이 일어납니다.

만물은 절대로 하나만으로는 생명이 없습니다.
반드시 둘 이상이 작용하여야 생명이 살아나는 것입니다.

그래서 자연의 모든 물질은 항상 서로를 밀고 당기는 과정에서 새로운 창조가 일어납니다.

사회생활에서도 똑같습니다. 개인 혼자서는 아무것도 할 수 없습니다. 항상 타인과의 작용 속에서 생활이 이루어집니다.

어떤 사람을 만나면 호감이 가고 또 어떤 이는 거부감이 있습니다. 생각이 같은 사람과 다른 사람을 만났기 때문입니다. 그 상호 작용에서 새로운 창조가 이루어집니다.

 행복한 사람과 불행한 사람을 만나면 어느 쪽이 더 편하십니까? 우리의 현실은 그 편한 쪽의 사고들이 자꾸자꾸 결합하여 만들어집니다.

 좋은 생각과 긍정적 사고, 밝은 의지를 항상 굳건히 품고 있으면 다른 좋은 생각, 좋은 행동들이 자신을 향해 끌려오기 시작하고 마침내는 그것들이 함께 결합하여 손에 잡히는 좋은 일들을 만들어 냅니다.

 그래서 좋은 친구를 자주 만나면 좋은 일이 많아지고 나쁜 친구를 자주 만나면 나쁜 일이 자주 발생합니다.

 감정 또는 생각은 파동이고 파동은 에너지는 곧 물질이다.
 그래서 좋은 친구를 많이 만나 좋은 생각이 많아지면 좋은 일이 일어나는 것이다.

 그래서 삶이 풍요로워지려면 자기의 생각, 마음, 감정을 풍요롭게 해야 한다. 그래야 풍요로운 것들이 끌려오는 것이다.

 비록 현실이 힘들더라도 남을 배려하는 여유로운 생각과 마음을 가지면 현실은 분명히 풍요롭게 변해간다.

 그러나 어려운 사람을 만나면 어려워진다는 의미는 아니다.

어려운 사람을 만나면 비록 자신이 어렵더라도 배려해 주고 도와주는 너그러운 마음 좋은 마음 풍요로운 마음으로 응대하면 그 마음이 전해지고 다른 풍요로운 기운들이 몰려와 다 같이 풍요롭게 되는 것과 혼동해서는 아니 된다.

※※※※※

끌어당김의 법칙과 다르면서 유사한 학문이 있다.

양자역학이다. 양자역학(量子力學 Quantum Physics)이란 양(量)이 있는 입자(粒子)의 세계가 역(力 power)의 세계 즉, 에너지(energy)의 세계라고 하는 학문이다.

모든 만물의 본질을 파동이라고 한다. 즉 파동이 모여 파동의 밀도가 커지면 물질로 바뀐다는 것을 연구하는 학문이고 결국 양자역학의 핵심은, 물질=에너지=파동이다. 결국 생각이 파동을 일으키고 이것이 에너지가 되고 에너지는 결국 물질을 만들어 낸다는 것.

공간은 비어있는 아무것도 없는 빈 것이 아니라, 공기와 양자장으로 가득 채워져 있다고 한다. 양자장은 서로 중첩되면 파동이 되고 파동이 중첩되면 에너지가 되고 에너지가 중첩되면 소립자가 되고 소립자가 모이면 분자가 되고 분자가 모이면 물질이 된다고 한다.

따라서 좋은 생각을 많이 하면 우주 공간의 다른 좋은 파장들을 끌어와 좋은 일을 만든다는 말이 과학적으로도 입증이 되고 있다.

## 🌸 행운의 미사일

우리는 행운이란 단어를 자주 쓰며 좋아합니다.
행운이란 우리의 꿈을 미사일처럼 추적하는 실체입니다.
어떻게 하면 행운의 미사일을 가질 수 있을까요?

행운은 창피함에서 시작합니다. 따라서 창피한 행동을 많이 해야 합니다. 여기서 창피한 행동은 못된 행동을 말하는 것이 아닙니다. 무슨 의미인지 아시겠죠?

창피한 행동은 아무나 하지 못합니다.
그러나 창피한 행동을 많이 하면 열망의 온도가 올라갑니다.
열망의 온도가 올라가면 그만큼 행운의 레이더망에 잡힐 확률이 높아집니다.

행운은 노력 없이 주어지지 않습니다.
능동적으로 적극적으로 찾아내야 합니다.

어디에 숨어 있을까요?
사람에게 숨어 있고 또한 정보에 숨어 있습니다.
……

……

그렇다면, 행운으로 가는 길을 알려줄 몇 명의 사람을 순차적으로 만나야 하고 몇 번의 정보 검색을 순차적으로 해야 할까요? 예를 들어 여기서 저기까지 누구에게 묻고 그다음은 누구에게 묻고, 또 어떤 정보를 검색하고 그 정보를 통해 또 검색하고 거기서 또 검색하고, 이런 식의 과정을 얼마나 거쳐야 행운을 만날 수 있을까요?

사람은 최소 2명에서 최대 12명의 매개자가 필요하다는 실험 결과입니다. 중간값이 5명이므로 릴레이 방식으로 평균 5명 이상을 거치면 찾을 수 있고, 인터넷에서 최대 19번을 검색하면 행운의 정보를 찾을 수 있다는 확률론적인 연구 결과입니다.

사람을 만나고 필요한 정보를 찾다 보면 행운의 미사일을 만날 수 있는 확률은 높아집니다. 거기에 한 명을 더하고 하나의 검색을 더 하면 할수록, 행운을 맞이하는 기회가 기하급수적으로 증가합니다.

그러다가 어느 순간 마침내, 티핑 포인트 tipping point에 도달합니다. 순간에 전혀 다른 세계가 나타나는 것입니다.
……
……

그런데, 대부분은 몇 번 만나고 몇 번 검색해 보고 그만 포기해 버립니다. 마지막 하나를 더 하지 못하고 실패합니다.
마지막 하나가 그렇게 중요한 것입니다.

 유전자가 99% 같지만 1%의 차이로 사람과 원숭이로 달라지고 단 한 명의 김 씨가 박 씨 마을을 김 씨 마을로 바꿔버립니다.

 박 씨 마을에 김 씨가 한 명 한 명 계속 이사를 오면 어느 순간 단 한 명의 김 씨가 더해질 때 순간에 변하여 박 씨 마을이 그곳을 떠나 김 씨 마을로 변해버린다는 이치와 같습니다. (물론 여기서는 김 씨와 박 씨가 서로 어울리지 않는다는 것을 전제로 함)

 독에서 물을 넘치게 하는 것은 마지막 한 방울의 물입니다.

 달걀을 탁자 위에서 굴릴 때 탁자 끝까지는 달걀이 아무 변화 없이 굴러 가지만 달걀이 탁자 끝에서 떨어지는 순간, 달걀이 깨져버려 전과는 완전히 다른 상황으로 변해버립니다.

##  고슴도치와 가시나무새

  고슴도치에는 자신을 보호하기 위한 무기로 가시가 있습니다. 적이 공격하면 밤송이처럼 몸을 말아 위험에 대처합니다.

  그런데 그 가시 때문에 추운 겨울에는 딜레마에 빠집니다. 가시에 찔리기 때문에 서로 몸을 밀착시킬 수가 없습니다. 떨어져 있자니 춥고 체온을 느끼자니 가시에 찔립니다. 쇼펜하우어가 말한 도치의 딜레마입니다.

  도치의 딜레마는 우리에게 상반된 교훈을 줍니다. 일정한 거리를 유지해야 상처를 받지 않는다는 것과, 상처와 고통이 있을 때에서야 비로소 창조가 이루어진다는 것입니다.

  창조가 이루어진다는 것은, 둘이 하나로 되어 상황을 극복하고 새로운 경지에 오른다는 뜻입니다.

  일이든 사람이든 적당히는 항상 부담이 없습니다. 그러나 그것은 껍데기에 불과합니다. 수박 겉핥기로는 수박 맛의 근처에도 못 간다는 것입니다.
  단단한 껍질을 파괴했을 때에서야 Tipping Point의 새로운 세계를 만나게 됩니다.

 그렇습니다.
 여러분은 미적지근한 평행선을 달리겠습니까?
 아니면 가시나무새의 운명을 선택하겠습니까?

 평생 하나의 날카로운 가시를 찾아 그 가시에 몸을 찔러 피를 토하며 아름다운 노래를 부르다 죽는다는 가시나무새.

 사람 관계든 도모하는 일이든 가시에 찔릴까 두려워하고 이 것저것 무서워한다면 창조는 없습니다. 가시의 장벽을 넘어서야 창조의 무한한 신세계를 누릴 수 있습니다.

 꿈은 항상 두렵습니다.
 그러나 꿈은 평온한 일상에는 살지 않습니다.
 두려운 도전 속에서만 산다고 합니다.
 그것이 삶이라고 합니다.

## 🌸 소리 나는 무덤

전북 완주에는 소리 나는 무덤이 있다고 합니다.
무덤의 주인공은 조선 정조 때 활약한 권삼득 명창입니다.
죽은 지 200년이 다 되어가는 지금까지 그의 무덤에서는 소리가 들린다고 합니다.

양반 집안에서 태어난 그는 음악적 재질이 뛰어나 판소리를 고집하다 아버지로부터 집에서 쫓겨나 떠돌이로 살았습니다.

오직 득음에 대한 집념으로 자신의 모든 삶을 바쳤습니다.
그러나 불행히도 그는 목소리를 잃고 말았습니다.
아무리 소리쳐도 소리가 입 밖으로 나오지 않는 것입니다.

그렇게 불행하게 살아가던 중 아버지의 부음을 듣게 됩니다.
소리꾼의 삶을 반대했던 아버지는 그에게 삶의 큰 장벽이었고 번뇌 덩어리였습니다.

집에도 갈 수 없는 불효자는 꿈에서야 아버지를 만났습니다.
그동안 쌓였던 감정이 북받쳐 울면서 아버지를 불렀습니다.
그런데 이게 웬일입니까?

아버지를 부르는 순간, 입에서는 우레와 같은 웅장한 목소리가 터져 나왔습니다. 비로소 득음의 소리를 되찾은 것입니다.

그 후 득음에 대한 집념으로 살다 생을 마감했습니다.
지금도 그의 무덤에서 들린다고 합니다.

혼이란 사람의 몸 안에 있으면서 그것을 거느리고 목숨을 붙어 있게 하며, 죽어도 영원히 남아 있다는 비물질적이고 초자연적인 존재라고 정의합니다.

여기서 '목숨을 붙어 있게 하며'에 주목하겠습니다.
우리가 살아야 하는 이유를 말합니다.
어려운 여건에서도 그것을 극복하고 살아야 하는 이유.
그는 그 이유를 민중의 삶이 살아나는 득음에 두었습니다.

내가 열심히 살려고 하는 이유가 무엇일까, 생각해 봅니다.
우리의 능력의 별 차이가 없습니다.
그러나 혼이 담긴 사람과 혼이 없는 사람의 차이는 수백 배가 넘는다고 합니다.

나를 살게 하는 나의 혼은 무엇일까요?

권삼득 權三得
정조·순조 때 활약한 판소리 8명창 중의 한 사람.

전라북도 완주에 그의 묘소가 있다.
묘소 앞에 구멍이 파여 있어 소리 구멍이라 하며 그곳에서 소리가 들린다는 전설이 있다.

우리나라 양반 출신의 최초 소리꾼으로 알려진 권삼득은 당시 음악을 천시했던 사회 분위기로 아버지로부터 죽임을 당할뻔한 위기가 있었으나 그의 혼을 다한 소리에 감명받은 집안 어른들의 만류로 목숨만은 건지고 족보에서 제명당하고 집에서 쫓겨나 평생을 방랑 생활을 했다고 한다.

여러분의 심장과 직관이 이끄는 대로 살아갈 수 있는 용기를 가져라. 이미 여러분의 심장과 직관은 당신이 진짜로 원하는 것이 무엇인지를 알고 있다. 나머지는 다 부차적인 것이다.
- 스티브 잡스

## 7. 꿈을 이루는 타임머신

마음의 정원
잠재의식의 비밀
징기스칸이 쏘아 올린 우주선
타임머신
나만의 환상적인 타임머신
나만의 환상적인 타임머신 작동법
타임머신의 힘 (상상의 힘)
상상의 함정

## 🌸 마음의 정원

 마음의 정원에는 두 종류의 식물이 자라고 있습니다.
 마음을 더럽히는 잡초(부정적 생각)와 아름답고 향기로운 화초(긍정적 생각)가 그것입니다.

 서로는 생존의 싸움을 할 때가 많습니다. 그때마다 아름다운 화초가 더 강해서 항상 이긴다면 얼마나 좋을까요.?

 그런데 아름답고 선한 것은, 약한 경우가 많습니다.
 사회현상에서도 나쁜 것은 지독합니다.
 악화가 양화를 구축한다는 말도 그 말입니다.

 사라져야 할 잡초는 오히려 무성하게 잘 자라서 화초를 덮어 버리기 일쑤입니다. 화초가 만발했으면 하는데 현실은 왜 잡초가 무성할까요? 꽃이 피어야 할 결정적인 순간에 어김없이 잡초가 그 꽃봉오리를 덮어버리는 이유가 무엇일까요?

 잡초가 잠재의식에 뿌리를 내리고 있어서입니다.
 잠재의식에 일단 뿌리를 내리면 그 위세가 대단합니다. 아무리 화초를 심어도 그 잡초의 등살에 화초가 못 이겨냅니다.

원수는 맞은 편에 있는 것이 아니라 정작 내 마음속에 있을 때가 더 많다는 말이 있습니다.

우리의 잠재의식도 나쁜 생각은 빨리도 그리고 단단하게 입력이 되어버립니다. 항상 의식적으로라도 나쁜 생각은 지우고 긍정적 생각들을 많이 해야 하는 이유가 바로 그 때문입니다.

그래서 우리의 잠재의식의 정원에는 언제나 좋은 화초가 자랄 수 있도록 각별한 주의와 노력이 필요합니다.

잡념은 사소한 것이라도 떠오를 때마다 즉시즉시 발로 뭉개버려야 합니다. 잠시라도 방치해서는 안 됩니다. 향기롭고 아름다운 화초만이 자라는 깨끗한 정원으로 가꾸어야 합니다.

징키스칸은, 내 안의 나를 완전히 극복하고 나니 비로소 영웅이 되어 있었다고 합니다. 나쁜 잡초를 깔끔하게 뽑아버리고 좋은 화초로만 정원을 아름답게 가꾸었다는 뜻입니다.

## 🌸 잠재의식의 비밀

 중요한 시합을 앞둔 선수들이 가장 많이 신경을 쓰는 것이 무엇일까요?

 바로, 불길한 것에 접하지 않는 것입니다.
 불길한 생각, 불길한 징조 등을 생각하지 않으려고 합니다.

 왜 그럴까요?
 한 번 나쁜 생각에 빠지면 걷잡을 수 없기 때문입니다. 온전한 정신으로 시합에 임할 수가 도대체 불가능합니다. 평정심을 잃은 시합의 결과는 뻔한 것입니다.

 평소에는 아무렇지 않다가도 결정적인 순간이 오면 어김없이 불길한 생각들이 조금씩 싹을 내밀다가 결국에는 온 정신을 휘감아 평소의 자신은 사라져 버립니다. 평소와 전혀 다른 자기의 모습이 이해가 가지 않습니다.

 누구나 다 겪는 고통일 것입니다.
 아무리 훈련하고 수련하더라도 정작 결정적인 순간이 오면 평소의 자신은 없어지고 늪에서 허우적거리는 자기를 발견합니다. 참 괴로운 일입니다.

왜 그럴까요? 왜 원하지 않는 그 늪에 빠지게 될까요?
다 잘 알다시피 바로 잠재의식 때문입니다.

잠재의식에 나쁜 생각들이 뿌리를 내리고 있었던 것입니다.
그래서 결정적인 순간에 통제가 안 되는 것입니다.

평소에는 이성(현재 의식)으로 행동하지만,
비상시(중요한 순간)에는 잠재의식이 작동하는 것입니다.
잠재의식이 작동되면 현재 의식은 힘을 쓰지 못합니다.

해결책은 두 가지입니다.
하나는 그 중요한 순간을 중요하지 않게 생각하는 평상심을 기르는 것이고 둘은 잠재의식에 좋은 생각을 심는 것입니다.

어떻게 해야 할까요?

기다란 널빤지를 땅바닥에 놓고 걸어가라고 하면 쉽게 잘 걸어갑니다. 그러나 높은 낭떠러지 위에서 걸어가라고 하면 어렵습니다. 왜 이런 현상이 일어날까?

그 이유는 다름이 아닌 상상의 힘과 의지의 힘이 갈등을 일으켰기 때문이다.

어떻게든 저 널빤지를 딛고 건너가자, 바로 의지력이다.
동시에 떨어지면 죽는다는 생각이 무의식 영역에 잠재되어 있다가 그러한 상황이 오면 공포로 솟구치는 것이다.

의지력으로 건너가려고 해도 무의식 영역에서는 떨어지는 장면을 상상하며 거부하는 것이다.

뇌 생리학계에서는 의식의 영역보다는 무의식 영역이 거의 9할은 차지한다고 한다. 그래서 의지는 무의식 영역에서 일으킨 상상력에 항상 굴복할 수밖에 없는 것이다.

따라서 실패한 경험들은 잊어버려야 하고 평소 사고를 긍정적으로 습관화시켜야 한다. 잘해내는 자신의 모습이 잠재의식에 각인되어 위기 상황에서도 긍정적 사고와 행동이 나온다.

물은 칼에 찔려도 상처받지 않고 본래의 모습으로 바로 돌아오는 성질이 있다.

바로 그것이다.
실패를 아무렇지 않게 잊어버려야 한다.

칼에 찔려도 흐트러짐이 없이 벗어나는 水心.

일본의 전설적인 검객인 미야모토 무사시가 한 말로, 어떠한 위기 상황에서도 변함없는 마음의 평정심을 유지하기 위해 물의 성질을 자기 것으로 상상하며 수련했다고 한다.

## 🌸 징기스칸이 쏘아 올린 우주선

 징기스칸은 내 안의 나를 완전히 극복하고 나니 비로소 영웅이 되어 있었다고 합니다.

 여기서 내 안의 나는 무엇일까요?

 부정적인 생각을 말합니다. 할 수 없어! 불가능해! 라고 생각하는 나를 말합니다. 그 부정으로 색칠해진 나를 벗기면 본래의 내가 있습니다. 그 본래의 내가 바로 영웅입니다.

 잠재의식은 개체인 나이면서, 또한 전부인 우주입니다.
 우주의 섭리가 내 안에 있는 곳이 잠재의식입니다.

 잠재의식은 우주의 모든 현상을 재현할 수 있습니다.
 따라서 우리가 상상하는 모든 꿈은 이룰 수 있는 것입니다.

 잠재의식은 생각이라는 씨앗을 키우는 우주의 토양이고 그 토양은 어떤 씨앗이든 현실의 꽃으로 피워냅니다. 다만 시간이 걸릴 뿐입니다.

우리는 잠을 자면서 꿈을 꿉니다. 그 꿈에서 누구나 불가사의한 경험을 해보았을 것입니다. 다 잠재의식의 작용입니다.

꿈에서의 무한한 능력이 현실에서 불가능할 이유가 없습니다. 그런데 왜 나의 현실은 초라할까요? 바로, 내 안의 나 즉 부정적 생각 때문입니다.

잠재의식의 무한한 능력을 경험하기 위해서는 무엇이 필요할까요? 나를 믿고 무한히 좋은 상상을 반복하는 것입니다.

나를 믿는다는 신념과 좋은 상상은, 파동을 일으키고 그것이 잠재의식에 자리하면 무한히 증폭되어 우주에 생생하게 전파됩니다.

징기스칸은 바로, 믿음의 우주선을 쏘아 올렸던 것입니다.
그는 현대 양자 물리학, 뇌 심리학의 정수를 이미 태생적으로 알았던 것입니다.

\*\*\*\*\*\*

　잠재의식은 의식이 접근할 수 없거나 부분적으로밖에 의식되지 않는 정신 영역. 의식과 무의식의 중간 상태를 말한다.

　의식은 전체 뇌 기능 중 10%도 채 안 되는 한편, 잠재의식은 전체 뇌 기능 90% 이상을 차지한다고 한다. 말하자면 우리가 잠재의식을 잘 활용하면 마치 기적과도 같은 초능력을 발휘할 수 있다는 말이다.

　따라서, 우리가 모든 현상을 볼 때 항상 좋은 쪽으로 받아들여 마음과 긍정적으로 대화하는 것이 무엇보다 중요하다. 바로 잠재의식의 초능력을 활용하는 확실하고 뛰어난 방법이다.

　잠재의식은 상상과 실제를 구별하지 못하여 우리가 상상을 생생하게 계속 주입하면, 실제로 알고 진짜 현실로 만들어 낸다고 한다.

　우리 시대에 가장 위대한 발견은 생각을 바꿈으로써 자신의 삶을 바꿀 수 있다는 사실을 발견한 것이다. - 윌리엄 제임스

　마음과 대화하는 것은 잠재의식을 움직이는 가장 뛰어난 기술이다. - 괴테

# 타임머신

엘리베이터를 기다릴 때 잠깐 타임머신을 생각해 봅니다.
엘리베이터를 타고 가는 것은 현실의 시간이라면, 계단을 걸어서 오르는 것은 타임머신을 타는 것입니다.

계단을 이용하는 것은 집에 늦게 도착하는 것이고 순간적이나마 계단을 이용하여 우리는 미래를 목격하게 됩니다.

엘리베이터를 타고 정상적으로 도착하여 집에서 무슨 행동하고 있을 시간에 그때야 계단을 걸어 집에 도착하면, 그 시점에서 이미 시간이 진행된 것과 마주치고, 계단을 이용한 나로서는 아직 진행되지 않는 것을 목격하므로 미래를 보는 것이고, 반대로 계단을 이용하는 것이 더 빠르다면 나는 과거를 여행하는 것이 된다.

어느 경우에나 시간여행을 하는 당사자는 미래 또는 과거의 현장을 목격하게 된다. 왜냐면 나는 둘이 있을 수 없으므로.

물리학적 이론으로 타임머신을 타고 미래로 가는 방법은 두

가지라고 합니다. 빛의 속도 이상으로 달리는 물체를 타는 것과, 우주 공간의 웜홀을 통과하는 것입니다.

빛의 속도 이상으로 달리면 시간은 느리게 가다가 정지한다고 합니다. 따라서 광속보다 빠른 타임머신을 타고 잠시 은하를 여행하고 온다면 지구에서는 무려 수백 년이 흐른 뒤에 귀환하게 되고 따라서 타임머신 탑승자는 지구의 미래를 볼 수가 있는 것입니다.

그러나 빛의 속도로 달리는 물체는 없다는 것이 지금껏 자연의 진리로 받아들여지고 있습니다. 최근에 뉴트리노라는 중성미자가 빛보다 빠르다고 하지만 주장에 불과하다고 합니다.

웜홀(wormhole)이란 벌레 구멍이란 뜻으로, 벌레가 사과의 곡선 면을 가지 않고 정중앙을 관통하면서 먹어가다 보면 구멍이 생깁니다. 이 구멍은 사과의 반대편 표면으로 가는 최단 코스가 됩니다.

우주 공간에서도 중력에 의해 구멍이 생기는데, 그 구멍은 한 우주와 다른 우주를 최단 시간에 연결하는 통로가 됩니다. 그래서 빛의 속도로 우주여행을 하는 것보다 빨리 웜홀을 통해 공간을 이동할 수 있습니다.

따라서 그 웜홀을 통하여 다른 은하계를 갔다 오면 그 웜홀을 통과하는 물체 안에서는 시간이 거의 정지되므로 탑승자는 금방 갔다 오지만 지구상에 오면 수많은 시간이 흐른 뒤이므로 미래를 보는 것입니다.

그러나 웜홀 이론도 시간여행에 대한 가능성 이론에 불과합니다. 웜홀이란 것이 진짜 구멍처럼 안정적으로 형성되는 구멍이 아니고 변하는 불안정한 상태이기에 앞으로 많은 연구가 필요하다고 합니다.

그렇다고 한다면 시간여행을 통해 우리의 미래를 볼 수 있는 방법은 없을까요?

더구나, 앞에서 말한 이론적 시간여행은 그야말로 천체 연구에나 필요한 이론들이지 우리 개인들을 위한 타임머신으로 활용하기엔 너무도 현실감이 없는 것들입니다.

우리 같은 보통 사람들에게 최적합의 타임머신은 없을까요? 이 지구상에서 내가 주인공이고 오직 나만을 위한 타임머신에 관한 것입니다.

특수 상대론에서 시간은 절대적인 양이 아니고 관측자의 운동 상태에 따라 달라지는 상대적인 값이라고 한다. 예를 들어 우주선에 타고 있으면 지구에 정지해 있는 관측자에 비해 시간이 느리게 진행한다. 만약 우주선이 빛의 속도로 달리면 시간은 흐르지 않고 정지한다고 한다.

가사 이런 이론에서도 타임머신으로 과거 여행은 할 수 없다. 과거로의 시간여행은 원인이 결과에 앞서야 한다는 기본 원칙에 반하기 때문이다. 스티븐 호킹 박사도 동의한다.

## 나만의 환상적인 타임머신


우리가 사용할 수 있는 보통 사람들을 위한 타임머신, 정말로 존재할까요?

지금까지의 물리학적 이론으로는 그 누구에게도 타임머신의 여행은 사실상 어렵다고 했습니다.

시간여행을 통해 나의 삶을 바꾸고 싶은데 말입니다.
누구나 이런 생각을 한 번쯤은 해보았을 것입니다.
시간에 대한 아쉬움이겠지요.

시간은 현재에선 우리에게 기회를 주지만, 지나서는 우리에게 그리움과 아쉬움을 남깁니다. 원하는 모든 시간은 반드시 그리움과 아쉬움으로 사라져 버립니다. 시간을 이기는 그 어떤 것도 존재하지 않습니다.

그래서 한 시인은 말했습니다.
졌다 / 시간에 나는 졌다.

그러나 시간을 이기는 유일한 하나가 있다고 생각합니다.

잠시 생각해 보세요. 무엇일까요?
……
……

바로 우리의 생각입니다.

생각은 빛보다 빠르고 시공간을 자유자재로 넘나들 수 있습니다. 빛은 이웃 안드로메다은하까지 가는데 200만 년이 걸리고 우주의 끝까지는 약 150억 년의 시간이 필요하지만, 생각은 과거와 미래 그리고 우주 그 어떤 은하계도 순간에 날아갑니다.

과학 기술의 발달로 까마득히 먼 훗날 혹시 만들어 낼 그 어떤 타임머신보다 뛰어나고 안전하며 무엇보다 오직 나 하나만을 위한 타임머신은 바로 우리의 생각입니다.

또한, 진짜 타임머신의 탑승자는 자신의 삶을 절대로 바꿀 수가 없습니다. 타임머신을 타는 동안 자신은 지구상에서 사라지기 때문입니다. 그래서 귀환했을 때 자기는 왕따 또는 미아가 되어버립니다. 수백 년 수천 년이 흐른 뒤에 전에 살던 것과 전혀 다른 지구를 만나기 때문입니다.

결국 과학자들이 말하는 타임머신은 설사 만들 수 있다 하여도 나 개인을 위한 타임머신은 되지 못합니다.

나 개인을 위하고 내 꿈이 현실로 나타나는, 나 개인의 행복을 위한 타임머신은 오직 하나입니다. 무엇일까요?

내 생각의 전파를 타는 타임머신 하나뿐입니다.
……
……

그 환상적인 타임머신을 만들고 작동시키기 위해서는 여러 가지 조건이 있습니다.

그 조건은 누구나 충분히 지킬 수 있습니다.
그 조건만 지키면 누구나 그 환상적인 나만을 위한 타임머신을 타고 나의 이상과 사랑 그리고 행복을 찾아 떠날 수 있습니다.

그리고 귀환해서는 나의 현실을 바꿀 수 있습니다.

## 🌸 나만의 환상적인 타임머신 작동법

생각으로 움직이는 타임머신은 그 작동법이 있습니다.
간단한 그 작동법만 터득하면 마술 같은 기능을 발휘합니다.

그 작동법을 하루아침에 배울 수는 없습니다. 우리의 생각과 잠재의식을 통합적으로 수련해야 하기 때문입니다.

그러나 어렵게 생각할 필요는 없습니다.
날마다 가볍게 재밌게 게임을 한다고 생각하면 됩니다.
처음부터 너무 큰 효과를 기대하면 탐욕입니다.
하루에 조금씩 그 시간을 즐기면 됩니다.

꾸준히 날마다 재밌게 게임에 푹 빠져야 합니다.
그 어떤 게임보다 재밌게 집중할 수 있습니다.
 ……
 ……

우선, 하루 중 가장 편하고 간섭받지 않는 시간을 정하십시오. 그리고 가능하면 그 시간대를 지키는 것이 중요합니다.

비행시간은 30분에서 1시간이 적당합니다.
너무 짧으면 효과가 없고 너무 길면 현실 복귀가 힘듭니다.
무엇보다 게임을 하듯 실제 현상으로 만끽해야 합니다.

너무 터무니없는 욕심을 부리면 안 됩니다.
실현 가능성 있는 미래를 실제로 실현된 모습으로 현실적으로 생생하게 만끽하는 것입니다. 즉 그 시점에서는 미래가 현실로 되는 것이어서, 실제 현장을 생생하게 느끼는 것입니다.

중요한 것은, 나의 미래가 이렇게 되었으면 하는 막연한 꿈이 아니라 나의 몇 년 후 미래를 실제로 실현된 미래로 바꾸어 그대로 실감이 나게 만끽하다 복귀하는 것입니다.

최근에 자신의 계획과 꿈을 대상으로 타임머신을 타서 실제로 해보면, 어느 순간 내 실제 생활이 그렇게 바뀌어 있다는 것을 확인하고 참으로 신비스럽다는 것을 느끼게 됩니다.

그러나, 너무 터무니없는 미래를 갔다 오면 현실로 바뀌는 시간이 그만큼 길어지고 불투명해집니다. 그렇게 되면 그 효능을 의심하게 되고 반복되면 그 효능을 의심하게 되고 그렇게 되면 종전의 방황하는 삶으로 다시 복귀되어 버립니다.

또한, 타임머신을 타는 이유는 현실을 개선하기 위해서입니다. 타임머신을 타는 재미에 너무 빠져버리면 현실의 삶을 피하게 되고 시도 때도 없이 혼자만의 시간여행으로 도피하게 됩니다. 그러다가 우주의 미아로 떠돌 수가 있습니다.

 그리고 또 하나 명심할 것은 타임머신이 주인이 아니라는 것입니다. 타임머신은 말 그대로 기계일 뿐이고 그 기계를 조정하는 것은 나입니다. 내가 나의 꿈을 이루는데 타임머신이 주인이 되어서는 안 됩니다. 내가 주인이 되고 타임머신은 머슴에 불과합니다.

 시간여행을 끝내고 현실로 복귀했을 때 실천 행동과 확신(믿음)이 무엇보다 중요하다는 것을 다시 한번 강조합니다.

 이제, 내가 탈 타임머신을 만들어야 합니다. 작동 버튼, 온·오프 램프와 아늑하고 편하고 안전한 타임머신의 우주선을 상상으로 만들면 됩니다. 마음껏 화려하게 만들어도 됩니다.

 자동차에 오르듯 타임머신에 올라 아늑한 의자에 착석하고 작동 램프를 누르십시오. 작동 램프에 불이 켜지고 여러분이 가고 싶은 미래를 생각하면 순식간에 타임머신은 우주 어느 한 공간으로 날아 미래의 실제 현장으로 안내할 것입니다.

 이때부터가 중요합니다.

나를 위한 타임머신은 일종의 자기 명상을 통한 자기최면을 말한다. 미래의 자신이 원하는 모습을 상상으로 봄으로써 자신이 정말로 그렇게 될 수 있도록 잠재의식에 강하게 심어서 잠재의식이 그것을 현실로 받아들이도록 하는 것이다.

　예를 들어 자신이 아름다운 주택을 갖고 싶으면 타임머신을 타고 미래로 가서 자신이 아름다운 주택의 정원에서 물을 주는 모습을 그려서 실감 나게 현실처럼 체험하는 것이다.

　내가 원하는 미래의 모습을 생생히 보고 느끼고 체험한다면 그러한 미래의 모습은 잠재의식에 강력히 심어지고 그 모습이 나의 실제 모습으로 인식이 되어 잠재의식은 그것을 현실로 만들어 갈 것이다.

# 🌸 타임머신의 힘 (상상의 힘)

비틀스의 존 레넌의 묘비명은 너무도 단순합니다.
'Imagine'

그러나 단순한 그 한마디는 그의 노래보다 더 많은 감동을 줍니다. 자기의 팬들에게 주는 마지막 선물이었을까요?

상상할 수 있다는 것은 인간만이 가지는 최고의 혜택이지만 우리는 그런 사실을 모르고 살아갑니다. 상상은 단순한 뇌의 생물학적 작용에 그치는 것이 아닙니다. 상상은 우리가 꿈꾸고 희망하는 것을 이루어 주는 분명한 과학입니다.

우리의 현실은 반드시 그 전에 상상이 있었습니다.
양자 물리학에서는 상상 또는 생각을 하나의 입자 또는 파동으로 봅니다. 있는 듯 없는 듯 극소 미립자인 그 상상은 쌓이고 쌓이면 원자가 되고 분자가 됩니다. 어느 순간에 에너지로 되고 물질로 변합니다. 마침내 상상은 현실로 나타납니다.

그래서 과학자들은 말합니다. 아무리 해박한 지식일지라도 분명한 꿈을 가진 상상의 힘에는 미치지 못한다고. 생뚱한 상상도 자꾸 하다 보면 환경을 바꿔버릴 수 있다는 것입니다.

또한 상상은 의지력을 압도합니다. 천 번의 다짐은 절대로 한 장의 상상을 이기지 못한다는 것입니다. 〈이렇게 해야지〉 하는 다짐보다는 〈이렇게 하는〉 장면을 상상하는 것입니다.

스포츠와 자기 계발에서 이미지 트레이닝, 상상 훈련이 활성화된 이유가 바로 그 때문입니다.

나를 위한 타임머신의 작동 법의 핵심은 바로 상상입니다.
상상의 빈도와 강도에 따라 현실로 이루어지는 성취도가 달라집니다.

타임머신을 타고 미래로 가는 거리를 처음에는 짧게 시작하는 것이 중요합니다. 6월~1년 정도가 적당합니다. 그 시점에 맞게 자신이 되고자 하는 모습을 명확히 상상하고 느끼고 체험하십시오. 갑자기 갑부가 되어 있는 모습을 상상하는 등 전혀 그 시점에 없는 상상은 금물입니다.

현실감이 있어야 합니다. 그래야 현실화가 빨라집니다. 예를 들어, 식당을 운영하는 사람이라면 6개월 후의 미래로 가서 자기가 주방에서 맛있는 요리를 개발하는 모습, 손님들이 북적거리는 모습을 현실감 있게 보고 느끼고 현재로 돌아오는 것입니다. 현재로 돌아와서는 타임머신을 타고 갔다 온 미래의 모습을 그리면서 요리법도 개발하고 손님들의 의견도 물어서 적극적으로 경영을 하는 것입니다.

 타임머신을 타고 자기가 원하는 미래를 그림으로 그리는 효과는 상상 그 자체의 양자 물리학적 효과뿐 아니라 적극적인 자기 행동을 유발하는 힘이 있습니다.

 미래를 꿈꾼다는 것은, 현재의 우리에게 선택과 판단을 올바르게 하도록 유도하는 힘이 있다고 빌 게이츠도 말했습니다.

 21세기는 물질과 자본보다는 생각과 상상이 세상을 주도하는 시대입니다. 생각과 상상이 자산이 되는 시대입니다.

 타임머신을 타고 미래의 꿈나라를 마음껏 여행하십시오.

 아무리 강조해도 부족한 것은 타임머신으로 상상하고 온 그 미래의 모습이 분명한 자신의 미래임을 의심 없이 인식하고 행동하는 것입니다.

※※※※※

 최근 심리학에서는 의지력보다 상상의 힘이 더 강하다고 말한다. 그래서 상상의 힘은 우리의 잠재의식을 깨우게 하는 기적적인 힘이라고 한다.

 뇌는 현실과 상상을 구분하지 못하기 때문에 상상은 단순한 생각이나 심리에 그치지 않고 우리 몸에까지 실제로 영향력을 미친다고 한다. 운동을 하지 않아도 상상만으로도 근육의 힘을 기를 수 있다는 실험들이 그것이다.

 이렇듯 상상은 현실로 연결될 때 능력을 발휘하므로 상상할 수 없다면 창조할 수도 없다고 했다. 인류문명의 모든 위대한 것은 상상으로부터 시작된 것이다.

 상상력으로 세상을 바꾼 사람들의 예는 많다. 책상마다 컴퓨터가 놓이는 상상을 멈추지 않았던 빌 게이츠. 걸어 다니면서도 인터넷을 하는 모습을 상상했던 스티브 잡스. 이들의 상상은 사람들이 허망하다고 비웃던 상상이었다.

 믿고 여유 있게 상상하여라. 믿고 그리하면 이루어진다. 마음 안에서 구하라. 마음 밖에서 구하면 천 년을 두고 구해도 허사다. 모든 종교에서도 하는 말이지 않은가?

## 🌸 상상의 함정

 꿈을 이루기 위해 당신은 얼마나 많은 상상을 하나요?

 상상은 우리가 희망하는 것을 이루어 주는 분명한 과학이라고 했습니다. 이루고자 하는 모습을 상상하면 분명히 현실로 이루어진다고 했습니다.

 당신이 꿈꾸고 상상했던 모습이 현실로 이루어졌나요?

 미국의 연구팀이 조사한 결과가 있습니다.
 상상을 즐기는 사람일수록 그 상상은 현실에서 멀어졌다는 것입니다. 상상의 과학은 거짓이었을까요?
　……
　……

 아닙니다.
 다만 상상의 함정에 빠지기 때문입니다.
 상상만을 즐기다 보면 두 가지의 오류에 빠질 수 있습니다.

 상상에 도취하여 현실을 도외시하고 게으름에 빠질 수 있고 또한 상상을 지나치게 믿다 보면 자기의 능력에 환상을 갖고 외부 환경을 상상만으로 자기가 통제할 수 있다는 이른바 '통제의 환상'(Illusion of Control)에 빠지는 것입니다.

　……
　　　……

상상은 목표를 제시해 본인 스스로 노력을 하게 만듭니다. 상상은 스스로 구하는 자에게만 현실로 다가오는 것입니다.

그러나 상상만을 즐기고 상상에 안주하는 사람은 현실적인 노력을 게을리하여 꿈을 이루기가 어렵게 된다는 것입니다.

통제의 환상은 사람이면 누구나 어느 정도는 가지고 있습니다. 예를 들어, 운동 경기를 보면서 손발을 원하는 쪽으로 움직이거나 고개를 그쪽으로 쭈-욱 빼는 현상이 그것입니다. 사람은 외부 현상에 대해 어느 정도는 자신의 상상이 작용한다고 믿는 것입니다.

우리 주변에 이러한 심리적 작용을 활용한 것들이 많이 있습니다. 횡단보도 신호등을 조작하는 버튼, 엘리베이터의 닫힘 버튼 등이 그것입니다.

그 버튼은 실제로 작동이 되지 않는 것이 많습니다. 그럼에도 사람들은 그 가짜 버튼을 누르고 자신의 힘이 작용한다고 믿습니다. 통제의 환상 심리를 이용하여 지루함을 느끼지 못하도록 한 것입니다.

따라서, 상상만을 지나치게 의존하여 현실을 정확히 보지 못하면 통제의 환상을 넘어 상상의 함정에 떨어질 수 있습니다.

특히 자신이 성공했다고 생각하는 사람들이 빠지기 쉽습니다. 자기의 능력과 경험으로 외부 환경을 바꿀 수 있다고 자만하는 것입니다.

직원들이 사장이 원하는 대로 따를 것이라고 믿는다거나 다른 사람들이 자신을 이해하고 자기의 생각과 같을 것이라고 착각하거나 어떤 행운이 자신에게 올 것이라고 믿고 기다리기만 한다거나 등등입니다. 모두 다 허사라는 것을 체험하고 상처를 받습니다.

상상은 우리의 삶을 풍요롭게 발전시키는 에너지입니다.
그러나 상상만으로는 우리의 현실을 바꿀 수 없습니다.

상상은 계획의 목표치입니다. 거기까지 가기 위해서는 현실의 장벽을 정확히 진단하고 부단한 도전을 해야 합니다.

〈상상의 힘〉과 〈통제의 환상〉을 명백히 구별하십시오.
상상은 가고자 하는 미래일 뿐 현실이 아니기 때문입니다.

통제의 환상과 절대로 반드시 구별해야 합니다.

통제의 환상(Illusion of Control)은 비현실적 낙관주의(unrealistic optimism)와 유사한 의미로 미래에 좋은 일이 일어날 것이라는 가능성을 과대평가하는 한편, 나쁜 일이 생길 가능성은 과소평가하는 심리'이다.

카지노에서, 대다수 사람은 높은 숫자를 내야 할 때 주사위를 높이 던진다고 한다. 반대로 낮은 숫자를 원하면 최대한 부드럽게 던진다고 한다. 이것은 마치 축구 팬들이 경기를 관람하면서 자신들이 직접 공을 차기라고 하듯이 손발과 고개를 움직이는 것과 같다. 자신이 산 복권에 큰 의미를 두는 것도 이러한 심리가 반영된 것이라고 한다.

성공 경험이 많은 리더들은 현실보다 개인 경험과 직관에 많이 의존하고 타인의 말을 수용하지 않는 성향을 보인다. 환경이 변했지만, 여전히 과거의 성공 체험에 젖어서 앞으로도 여전히 자기의 방식이 통할 것이라는 심리가 유지되는 것이다.

통제의 환상에 빠진 사람은 직원을 훈계할 때 나라면~'이란 말을 자주 쓴다고 한다. 통제할 수 있는 부분과 그렇지 못한 부분이 있음에도 무조건 나라면~이라고 말하는 것이다.

통제의 환상을 벗어나기 위해서는, 피드백이 중요하다.
상상의 힘은, 상상하는 것이 꼭 실현된다는 확신으로 그에 따른 현실적 노력을 할 때 효과가 있는 것인데, 막연히 앉아서 상상만 하고 그것이 자기 마음대로 될 것이라는 생각은 망상에 지나지 않는다. 주의해야 한다.

상상은 과거에 체험했던 경험을 밑바탕으로 생각하는 행위이다. 부자가 되고 싶다는 꿈이 아무리 강하더라도 부(富)에 대한 노력이 밑바탕에 깔려있지 못한 상태에서는 그 상상의 현실성이 빈약할 수밖에 없어 메아리 없는 상상에 지나지 않는다. 상상하는 것을 작은 것부터 실천하고 성취하는 행동이 차근차근 쌓여야 한다.


또, 상상과 구별해야 하는 것은 확증 편향(confirmation bias)이다. 자신의 신념, 기대, 생각을 지지해 주는 정보는 중요하게 여기는 한편, 이에 반하는 정보는 무시하거나 축소하여 자기의 생각에서 벗어나지 못하는 경향을 말한다.

## 8. 생각의 발명

데이트할 수 있는 비법
99-1=0 이고 1-99=100 이다
엘리베이터의 비밀
머피와 샐리
브리콜라주 사고
브리콜라주 정신
출기불의
나는 항상 거짓말을 한다
개성은 최고의 재산이다

##  데이트할 수 있는 비법

직장에서 한 여성에게 마음을 빼앗긴 남자가 있습니다.
한 번이라도 데이트가 소원이지만 그녀는 관심이 없습니다.
그저 업무상으로만 대화할 뿐 그 이상은 피해버립니다.

어느 날, 남자는 호기심을 자극한 내기를 제의했습니다.

저와 내기합시다. 제가 당신의 마음을 읽겠습니다.
당신의 마음을 정확히 읽어내면 저와 내일(토요일) 데이트 하시고, 틀리면 제가 100만 원을 주고 데이트는 없습니다.

내일 데이트를 하자고 제의하면 당신이 나올지 안 나올지 하는 예측입니다. 나오면 데이트하는 것이고 안 나오면 데이트는 없습니다.

좋아요. 제가 나올 것 같나요, 안 나올 것 같나요?
남자는 그 예언을 문자로 보내겠다고 했습니다.

각자 퇴근해서 집으로 갔습니다. 남자는 문자를 보냈습니다.

여자는 문자를 받고 100만 원을 떠올립니다.
 ......
 ......

남자가 뭐라고 문자를 보냈을까요?
여러분이 이 남자라면 어떻게 보내겠습니까?

남자는 여자가 안 나온다고 보냈습니다.
토요일, 남자는 성공했을까요? 아니면 돈만 날렸을까요?

여자는 당연히 데이트에 관심이 없어 안 나가고 싶습니다.
 안 나가면, 남자가 맞춘 것이어서 여자는 데이트해야 하고, 여자가 나가면, 나왔으니 데이트해야 하고(나오면 데이트해야 한다고 했으니까) 그래서 안 나가면 다시 남자의 말이 맞게 되어 역시 데이트해야 합니다.

결국 어떻게 하든 여자는 데이트에 응할 수밖에 없습니다.

남자는 이른바 모순, 역설(paradox)을 이용한 것입니다.
 고대 그리스 철학자들이 즐겨 다루었던 논리의 패러독스 '악어와 아기' 이야기를 활용한 것입니다.

여자는 장소에 나올 수밖에 없었고, 남자의 자기를 향한 구애의 적극성에 그를 다시 봅니다. 외모는 별로지만 이런 남자라면 데이트해도 기분이 새로울 것 같았습니다.

그날 남자와 여자는 해변 도로를 드라이브하면서 새로운 전기를 마련했고 지금은 결혼까지 해서 알콩달콩 행복하게 살고 있다고 합니다.

남녀 간의 사랑, 그리고 결혼이 반드시 처음부터 서로가 눈이 맞아 이루어지는 것은 아닌 것 같습니다. 그렇습니다. 남자는 발상의 전환을 통해 여성의 환심을 사게 된 것입니다.

남녀관계뿐이 아닙니다. 사회생활에서도 발상의 전환을 통해 어려운 상황을 극복할 수 있습니다.

조건의 차이를 생각의 차이로 극복한 것입니다. 아이디어는 구하는 자를 배신하지 않고 반드시 현장에 존재합니다.

## 논리의 역설(paradox)

악어와 어머니가 대화한다.
악어 : 내가 아기를 잡아먹을지 안 잡아먹을지 알아맞히면 아기를 무사히 돌려주지.
어머니 : 너는 내 아기를 먹고 말 거야.
어떻게 하든 결국 악어는 아기를 돌려줄 수밖에 없다.

맞히면 돌려줘야 하고, 못 맞혀서 악어가 아기를 잡아먹어야 한다. 그러면 아기를 잡아먹게 되어 결국 답을 맞히게 되고 아기를 돌려주어야 한다. 어떻게 하든 악어는 아기를 먹지 못하고 돌려줄 수밖에 없다.

평범한 아들을 유명한 갑부 딸과 결혼시킬 수도 있습니다.
아버지가 그 유명한 갑부를 찾아갑니다.
아버지: 당신의 딸과 내 아들을 결혼시킵시다.
유명한 갑부: 싫습니다.
아버지: 내 아들은 중견 기업 사장이요.
유명한 갑부: 그래요? 결혼시킵시다.
아버지가 중견 기업 회장을 만난다.
아버지: 내 아들을 이 회사 사장으로 해주시오.
중견 기업 회장: 말도 안 되는 소리 하지 마시오.
아버지: 내 아들은 갑부 사위요.
중견 기업 회장: 아이고! 그럼 결혼시킵시다.

## 🌸 99-1=0이고 1-99=100이다

99에서 1을 빼면 98 이 아니고 0이며, 1에서 99를 빼면 마이너스 98 이 아니고 100이다? 참으로 황당한 계산법입니다.

하지만 여기에는 인생의 성공과 실패의 심오한 철학이 들어 있습니다. 99-1=0 이란 99개의 장점이 있어도 하나의 결점 때문에 끝장나버린다는 것이고, 1-99=100 이란 1개의 장점 밖에 없고 99개의 단점이 있어도 오히려 그 단점이 장점으로 작용하여 성공으로 이끌 수 있다는 말입니다. 일본의 한 학자가 단점의 역설이라고 명명한 인생 공식입니다.

왜 그럴까요? 모든 면에서 뛰어난 능력이 있어 실패를 모르는 사람은 자신을 뒤돌아볼 기회가 적어서 다른 사람의 생각이나 말을 무시하여 독단에 빠지기가 쉽습니다.

그러다 보면 자신의 약점에 대해 별 신경을 안 쓰고 무시하다가 사소한 단점이 큰 화를 불러오는 것입니다. 아무리 뛰어난 사람도 사소한 개인사 때문에 여론의 뭇매를 맞고 중요한 순간에 낭패를 보는 것이고 뛰어난 건축물도 사소한 방심으로 화재로 인해 잿더미로 변해버리는 경우나, 깨어진 유리창 같은 사소한 단점을 방치하면 기업 전체의 이미지를 심각하게 훼손하여 더 큰 피해가 발생한다는 것이다.

 반대로, 잘하는 것은 없고 부족하여 하는 것마다 실패만 하는 무능한 사람도 그 무능을 솔직히 인정하고 그것을 극복하기 위해 노력한다면, 실패를 거듭해도 끈질기게 그 단점을 보완하려고 노력한다면 사람들은 결국 그 사람에게 마음을 주고 성공할 수 있도록 돕는다는 것입니다.

 역사적으로 그러한 예는 무수히 많습니다. 항우와 유방의 경우가 대표적입니다. 항우의 힘과 능력은 유방의 몇 곱이었지만 한신을 무시하여, 한신을 알아보고 한신의 마음을 잡은 유방에게 패하여 천하를 잃었습니다.

 99-1=0이고 1-99=100이다.
 우리의 삶에 교훈을 주는 인생 공식입니다.

깨진 유리창 이론은 경영 이론에서 활용되고 있다.

비슷한 이론으로 1 : 29 : 300 법칙으로 불리는 '하인리히 법칙'이 있다. 큰 사고(하나의 대형 참사)는 우연히, 또는 어느 순간에 갑자기 발생하는 것이 아니라, 그 전에 조그만 사고(29)와 징후(300)가 반복 발생한다는 것이다. 하인리히 법칙은 각종 재해뿐 아니라 조직 또는·개인적 큰 사건을 예방하는 데도 활용되고 있다.

또, 투명성의 역설이 있다.
개인이나 조직이 잘못했을 때 침묵하거나 부인하는 것이 결국은 이득이 되지 않는다는 것이다. 잘못을 투명하게 밝히는 것이, 실보다는 득이 된다는 것. 투명성은 불리할 것 같지만, 그렇지 않다는 점에서 역설이다.

## 엘리베이터의 비밀

엘리베이터를 이용하시는 분은 한 번쯤 겪었을 일입니다.

내려가려고 할 때는 엘리베이터는 자신 층 밑에서 내려가고 있고 올라가려고 할 때는 엘리베이터는 올라가고 있어서 바로 타는 경우는 거의 없었던 경험이 있을 것입니다.

저도 24층 아파트 9층에 살고 있는데 귀가 시에 1층에 서 있는 엘리베이터를 바로 잡아타는 경우는 드물고, 이미 올라가고 있거나 그것도 항상 20층 이상까지 갔다가 내려옵니다.

기다리는 시간이 짜증이 나면서 이놈의 아파트는 20층 이상 사람들만 돌아다니는지 혼자 투덜거립니다.

이른바 엘리베이터의 파라독스입니다. 엘리베이터를 타려고 할 때 엘리베이터는 항상 조금 전에 이미 떠났고 그것도 가장 긴 시간을 갔다가 자신의 층에 멈춰 선다는 것입니다.

왜 그럴까요? 재수가 없어서일까요?

저의 경우를 보겠습니다. 1층 엘리베이터 입구에 도착하면, 항상 이미 엘리베이터는 올라가고 있습니다. 왜 이렇게 재수가 없지, 불평하다 곰곰이 생각해 보았습니다.

설명의 편의를 위해 5개 층(1층에서 4층은 제외)을 묶어서 생각하기로 합니다. A(5층~9층), B(10층~14층), C(15층~19층), D(20층~24층)로 구분할 수 있습니다.

제가 1층에 도착하였을 때 이미 엘리베이터가 1층을 지나 올라가고 있다면, 그 안에 타 있는 사람 중 D에 속한 사람이 있을 확률은 얼마일까요? 언뜻 생각하면, 25%일 것 같지만 그렇지 않습니다. 100%에 가깝다고 보면 확률적으로 거의 맞는 답이 됩니다.

타 있는 사람은 각자가 분명 A~D 어느 하나에 속할 것이고 그것이 D뿐일 수도 있고, A~D 어느 하나에 속하는 사람이 있다고 해도 D에 속하는 사람이 탈 확률과 같아서 D도 같이 타 있다고 봐야 합니다.

그렇다면 이미 엘리베이터가 1층을 지나 올라가고 있을 때 D에 속한 사람이 끼어 있을 확률은 거의 100%라고 봐야 합니다. 따라서 올라갔다고 하면 20층 이상 올라가는 것이 우연이 아닙니다. 그럼에도 짜증이 나고 재수 없다고 불평하는 것이 현실입니다. 궤변 같나요?

**머피와 샐리**

여러분은 엘리베이터를 타면 어디에 서 있나요? 혹시 엘리베이터 문 바로 앞 또는 약간 옆에 서 있다가 내린 가요?

심리학적 분석에 의하면 그런 사람은 욕구불만인 사람이라고 합니다. 엘리베이터가 조금만 늦어도 투덜거리는 사람입니다.

엘리베이터를 이용하면서 기다리는 것은 정상입니다.
그래서 거울이 있습니다. 연구 끝에 나온 아이디어로, 거울 속에 자기를 보면서 지루함을 못 느끼게 하려는 것입니다.

그런 정상적인 지체를 이기지 못하고 짜증을 낼 정도라면 문제가 있습니다. 이런 사람은 머피의 법칙에 빠진 사람입니다. 이것도 엘리베이터의 역설 중 하나입니다.

머피의 법칙은, 어떤 결정을 하는데 꼭 나쁜 결과를 초래한다는 것입니다. 밀가루를 팔러 가면 바람이 불고, 소금을 팔러 가면 비가 오는 것과 같습니다.

샐리의 법칙은, 영화 '해리가 샐리를 만났을 때'의 주인공 샐리의 이름에서 나온 것으로 우산을 준비하면 비가 오고 우산이 없으면 비가 그치는 경우입니다.

머피와 샐리의 법칙은 어떤 상황이 확률적으로 일어나는 현상에 불과한데 자신이 우연히 거기에 빠진 경우입니다. 그럼에도 마치 자신에게만 일어나는 운이라고 생각합니다.

그러나 머피와 샐리는 모두 우리 마음 안에 있습니다.

부정적인 사람은 머피가 나서고, 낙관적인 사람은 샐리가 나섭니다. 똑같은 현상을 머피가 보느냐, 샐리가 보느냐의 차이일 뿐입니다. 그러나 삶의 방향은 완전히 다르게 진행됩니다.

혹시 요즘 되는 일이 없고 매사가 꼬인다고 생각하는 사람이 있다면 생각해 보십시오. 그것을 자기의 운이라고 낙심하여 항상 욕구불만에 빠져있지는 않는지.

그러나 그러한 사소한 욕구불만이 자꾸 반복되고 쌓이다 보면 자신의 사고와 행동에 영향을 주고 그것이 계속 나쁜 결과를 불러올 수 있습니다.

나비 효과라는 게 있습니다. 남미에서 미약한 나비의 날갯짓이 미국 텍사스에서 토네이도로 변할 수 있다는 것입니다.

매사가 잘 풀리지 않을 때는 나의 사고방식을 살펴볼 필요가 있습니다. 나라고 다를 바가 없습니다.

샐리를 멀리하고 머피에게 자주 걸려듭니다.
그럴 때마다 떠올립니다.

우리 시대에 가장 위대한 발견은 생각을 바꿈으로써 나의 삶을 바꿀 수 있다는 사실을 발견한 것이다.

미국의 실용주의 철학자 윌리엄 제임스의 말입니다.

패러다임의 전환(발상의 전환)
그 예로 유명한 이야기가 있다.

한 상인이 돈을 빌리고 갚지 못하자 사채업자는 상인의 딸을 탐내고 상인과 상인의 딸에게 내기를 제안하였다. 사채업자는 자기의 주머니에 검은 돌과 흰 돌 두 개가 있는데, 딸이 하나를 꺼내서 검은 돌이면 자기 아내가 되어야 하고, 흰 돌이면 빚도 갚은 것으로 해주겠다는 것이다.

사채업자는 곧 마당에서 검은 돌 두 개를 주워 주머니에 넣었다. 이를 본 딸은 고심하였다. 나라면 어떻게 할까?

딸은 사채업자의 주머니 속에 손을 넣어 한 개를 꺼내서 손을 펼치기 전에 마당의 많은 돌 속에 떨어뜨리며 말했다.

"죄송합니다. 제가 수전증이 있어서 그만 꺼낸 돌을 떨어뜨리고 말았습니다. 하지만 걱정할 것 없습니다. 남아 있는 돌을 보면 제가 어떤 색을 꺼냈는지 알 수 있으니까요."

(딸은 꺼내지는 돌에서 남아 있는 돌로 발상을 전환함. 주머니 속에 두 개의 검은 돌이 들어있다며 사채업자의 잘못을 사전에 말해버리면 결국 게임이 이루어지지 않으므로 상인은 감옥에 가야 한다.)

## 🌸 브리콜라주 사고

지치고 가난한
자유를. 숨쉬기를 열망하는 사람들을
폭풍우에 시달린, 고향 없는 사람들을
나에게 보내다오.

나의 횃불을 밝혀 올릴 테니.
 ......
 ......

미국, 나아가 세계 자유의 상징으로 알려진 '자유의 여신상' 입구에 새겨진 글 일부입니다. 자유의 여신상은 1886년 미국 독립 1백 주년을 기념하여 프랑스에서 기증한 것인데, 총무게 225톤, 전체 높이는 93미터로 1984년에 유네스코 세계문화유산에 등록되었습니다.

이 자유의 여신상은 주기적으로 수리를 해야 합니다.
세월과 수많은 관광객으로 시달리기 때문입니다.

오래전에 대대적인 수리를 한 적이 있는데 수리 후 나온 건축물 쓰레기가 장난이 아니었다고 합니다. 정부는 그 쓰레기를 효과적으로 처리하기 위해 전국에 그 쓰레기를 매수할 사람을 모집하였지만 오래된 고물 더미를 누가 사겠습니까?

고물상들이 계산기를 두드려 봤지만 처리하기 위한 인건비 운반비도 안 나오게 생겼습니다.

그런데 한 사람이 사겠다고 나섰습니다.
사람들은 미쳤다고 했습니다. 그러나 그 사람은 그 고물들을 사서 무려 만 배가 넘는 수십억의 이윤을 냈다고 합니다.

그 고물들을 어떻게 처리해서 그 많은 이윤을 남겼을까요?

위 일화는 요즘 강조되는 이른바 브리콜라주(Bricolage)의 좋은 사례라 할 수 있습니다. 브리콜라주란 손에 닿는 어떠한 재료라도 가장 값지고 재치 있게 활용하는 기술을 말합니다.

주어진 환경에서 최선의 목적을 찾아 그 목적을 달성하는 창조적 기량을 말하는 것으로, 쓸모없을 것 같은 재료로 필요한 도구를 기막히게 만들어 내는 기술이라 할 수 있습니다.

자유의 여신상을 수리하고 배출된 각종의 고물과 쓰레기들을 그 상황에서 어떻게 처리하였을까요?

금속은 녹여서 작은 자유의 여신상을 만들고, 시멘트와 목재는 여신상의 받침대를, 가벼운 금속은 뉴욕광장을 본뜬 열쇠고리로 만들어 기념품을 창조해 낸 것입니다. 그 기념품들은 불티나게 팔려나가서 없어서 못 팔 정도였다고 합니다.

　재료가 자유의 여신상에서 나온 진짜이니 그 기념품이 얼마나 값지겠습니까?

　브리콜라주 사고는 다양한 분야에서 응용되어 활용되고 있습니다. '난타' 공연을 보셨나요? 쓰레기통·도마 등 생활 도구를 악기로 활용해 훌륭한 연주를 합니다. 오래된 모니터, 텔레비전 등 가전용품으로 전혀 다른 영상을 표현합니다.

　최근의 모든 기술 간 융합이 이루어지는 산업 분야에서도 유용한 개념이 되고 있습니다. 그 일인자가 바로 스티브 잡스였다고 합니다.

　브리콜라주 정신은 무엇일까요?

## 브리콜라주

많은 기술과 재능을 조합(융합)하여 최고의 제품을 만들어 낸다는 뜻으로, .프랑스어로 브리콜레(Bricoler)에서 유래되었고 영어에서는 DIY(Do It Yourself)와 같은 뜻이다.

사업 부문별로 조직이 별도로 관리되면 혁신적 통합 제품을 창출하기가 어렵지만, 통합 구조하에서는 융합하여 혁신 제품 창안이 가능하다. 모바일도 아이팟과 전화, 인터넷을 융합하여 아이폰을 창안한 것이라 한다.

금광 현장에 쓰이는 천막을 생산하던 공장에서 다량의 천막 계약이 파기됐다. 버려질 수밖에 없었던 천막을 브리콜라주 정신으로 광부들의 작업복에 접목해서 탄생한 것이 청바지의 시조가 되었다고 한다.

지금처럼 급변하는 환경에서는 브리콜라주의 빠르고 유연한 융합 정신과 기술이 더욱더 절실하다고 한다.

## 브리콜라주 정신

 다른 사람의 생각으로 만들어진 규칙에 빠지지 마십시오.
 여러분 내면의 소리를 죽이지 마십시오. 위대한 일을 하는 유일한 방법은 여러분이 하는 일을 사랑하는 것이고 만약 사랑하는 일을 찾지 못했다면 계속 찾아보십시오.

 스티브 잡스가 스탠퍼드 대학에서 연설한 내용입니다.

 음반과 가전기기를 조합한 아이팟을 개발하여 워크맨의 소니를 사라지게 하고, 아이팟과 폰 그리고 인터넷을 하나로 융합한 스마트폰을 또 창안하여 기존의 제품들을 멍청이로 만들어 버린 그의 창조적 정신이 연설문에 살아있습니다.

 바로 브리콜라주 사고입니다. 자유의 여신상 일화에서 보듯 쓰레기를 쓰레기로 보는 일반인의 사고방식과는 다른 방식입니다. 쓰레기를 쓰레기로 전혀 생각하지 않는 사고방식입니다.

 우리는 상식적이고 논리적으로만 생각합니다. 상식적, 논리적으로 답이 나오지 않을 때 우리는 포기합니다.

브리콜라주는 바로 이런 한계상황을 타개하려는 정신입니다. 브리콜라주의 근본을 흐르는 정신은 무엇일까요?

첫째는 현장 정신입니다. 이렇게 되어 있어야 한다는 규범적 사고가 아니라 이렇게 되어 있구나. 이것이 현장의 모습이구나 하는 사실을 인정하는 정신입니다. 현장을 정확히 파악하면 그 현장을 바꾸는 도전이 시작됩니다.

둘째는 들판 정신입니다. 다듬어진 편견 이전의 정신입니다. 기존의 편견에 길들여 지지 않는 원시적 사고를 말합니다. 지금까지의 사고를 버리고 완전히 다른 가치와 철학으로 생각하는 것입니다. 한쪽에서만 보고 그리는 그림의 규칙을 깨버린 피카소처럼 자유롭게 생각하는 것입니다.

셋째는 융합 정신입니다. 모든 생각 모든 기술을 조화롭게 융합하는 것으로 주어진 모든 상황을 조화롭게 이용하는 정신입니다. 쓸모없는 것은 없고 이용하면 다 쓸모가 있다는 장자의 정신과도 같습니다.

미네르바의 부엉이는 밤에만 날아오르지만 브리콜라주의 정신은 밤낮을 가리지 않고 날아오릅니다. 지금 나의 현실을 극복하는 방법일 수도 있습니다.

## 출기불의

출기불의(出其不意), 뜻밖에 기습적으로 나간다는 뜻입니다.

상대의 약한 곳을 생각하지 못하는 방법으로 빠른 속도로 공격한다는 손자병법에서 유래한 말입니다. 공략의 핵심이고, 전쟁의 역사에서 입증된 승리의 절대 원칙입니다.

또한, 생존을 위한 섭리이기도 합니다. 산에서나 바다에서 하늘에서 동물, 식물, 온갖 생명체들이 자신을 보호하고 남을 공격하는 생존 원칙이기도 합니다.

강자만이 생존하는 것은 아닙니다. 안주하는 자는 강자일망정 부지런히 준비하고 생각한 자의 출기불의의 공격을 받으면 쓰러진다는 것입니다. 이순신 장군의 명량대첩이 그것입니다.

출기불의는 비열한 방법으로도 사용되고 있습니다. 자기 뜻대로 협상이 진행되지 않을 때 갑자기 돌출행동을 하여 지금까지의 분위기를 깨버리는 전략입니다. 상대가 당황한 틈을 타서 재빨리 주도권을 잡는 것입니다. 트집을 잡아 약속된 장소나 날짜를 갑자기 변경하는 것이 그것입니다. 그러나 그런 출기불의는 임기변통의 술수에 불과합니다.

 진정한 출기불의의 정신은 바로 남이 생각하지 못하는 발상의 전환을 통해 뜻을 이룬다는 도전에 있습니다.

봉산개도, 우수가교(逢山開道, 遇水架橋)
 산을 만나면 길을 만들고, 강을 만나면 다리를 만든다.
 적벽전에서 패하고 절망의 순간에 조조가 한 말입니다.

 절망적 상황에서 남들이 불가능하다고 할 때 바로 그때 포기하지 않고 발상의 전환을 통해 오히려 더 큰 성장을 일구는 정신이 출기불의의 진정한 뜻입니다.

 작은 생각 하나가 큰 변화를 초래할 수 있습니다.
 부족한 내가 남들이 못하는 무엇을 할 수 있을까?
 생각해 봅니다.

※※※※※※

손무(孫武)는 손자병법에서 전략의 세 가지 요소를 강조했다.
출기불의(出其不意), 상대가 생각하지 못하는 시간에 나간다.
공기무비(攻基無備), 누구도 예상하지 못하는 곳을 공략한다.
병자귀속(兵者貴速), 속도가 귀하다. 빠른 속도로 공략한다.

협상의 귀재라는 중국인들이 잘 쓰는 비법이다.

## 🌸 나는 항상 거짓말을 한다

유명한 역설이 있습니다.
'나는 항상 거짓말을 한다.'

나의 이 말은 참일까요? 거짓일까요?
나의 말이 참이라면 나는 거짓말을 한 것이고 나의 말이 거짓이라면 나는 참말을 하는 것입니다. 참인가 싶으면 거짓이고 거짓인가 싶으면 참입니다. 참, 거짓의 무한 순환입니다.

이러한 역설에서 자연의 섭리를 생각해 봅니다.
하나와 불변은 존재하지 않는다는 것입니다.

여자와 남자가 있고 음과 양이 있고 참과 거짓이 있습니다.
태어남이 있고 죽음이 있고, 좋은 사람이 있고 싫은 사람이 있습니다. 선이 악이 되고 악이 선이 됩니다.

내가 거짓말할 때도 있고 진실을 말할 때도 있습니다.
내가 악일 때도 있고 선일 때도 있습니다.
돈을 벌 때도 있고 잃을 때도 있습니다.

행복할 때도 있고 불행할 때도 있습니다.

이러한 현상의 무한 순환이 나의 인생입니다.
그것이 나의 참다운 모습입니다.

그럼에도 나는 항상 내가 옳다고 나를 고집합니다.
항상 내 욕심만 채우려 하고 그렇지 못하면 불행해합니다.
내가 하는 일이 항상 잘되어야 행복합니다.

삶이 참과 거짓의 행복과 불행의 무한 반복이라는 사실을 깨닫지 못하고 일희일비합니다.

무용지용(無用之用)이란 말이 있습니다.
쓸모없음의 쓸모 즉, 쓸모없는 것도 쓸모 있다는 말입니다.

내가 하는 일과 나의 일상을 돌이켜봅니다.

\*\*\*\*\*

철학자 럿셀이 역설(paradox)을 설명하면서 이 말을 한 당사자의 이름을 따서 에피메니데스(Epimenides)의 역설이라고 부른다.

에피메니데스는 기원전 6세기경 지중해의 크레타섬에 살았던 사람으로 '모든 크레타 사람은 거짓말쟁이다'라는 불명의 명제를 남겼다. 그가 한 말이 진실이라면, 모든 크레타 사람은 거짓말쟁이다. 그러나 그 역시 크레타 사람이므로 그의 말은 거짓말이 되고 만다. 한편 그의 말이 거짓이라면, 모든 크레타 사람은 거짓말쟁이가 아니다. 그렇다면 그 역시 크레타 사람이므로, 그의 말은 참말이 된다. 그의 말은 동시에 참도 되고 거짓도 된다.

장자는 '쓸모없음의 쓸모'(無用之用)를 설명했다. 친구가 박이 너무 커서 쓸모가 없다고 불평하자 장자가 이렇게 말했다.

"자네는 그 큰 박을 잘라서 강물에 띄워 타고 즐길 생각은 하지 못하고 두레박으로 사용할 수 없다고만 불평하는가?"

## 🌸 개성은 최고의 재산이다

요즘 다들 힘들다고 합니다.
대다수 사람이 먹고사는 것에 위기감을 느끼고 있습니다.

바로, 부의 집중 때문입니다.
첨단기술과 거대자본은 골목 상권까지 끼어들어 골목 푼돈까지 다 싹쓸이 해가 버립니다. 영세 상공인은 설 곳이 없습니다. 국가의 역할이 그 어느 때보다 중요한 시대입니다.

힘없는 우리 개개인은 어떻게 생업을 유지할 수 있을까요?
복지와 후생에만 의존하면서 근근이 살아야 할까요?

해답은 하나입니다. 개성입니다. 상품의 개성화입니다.
자기만이 할 수 있는, 이 세상 하나밖에 없는 상품과 서비스입니다. 고객의 개성을 존중하고 그에 맞는 맞춤 서비스를 나만이 할 수 있는 창의적 상품과 서비스를 개발하는 것입니다.

돈을 보지 않고 사람을 보는 것입니다.
자본과 기술이 없으니, 자본과 기술이 제공할 수 없는 인간적 감성적 문화적 접근이 필요합니다.

거기에 가면 그 사람을 만나면 그거 하나만큼은 최고다.
나만이 제공할 수 있는 감성적 창의적 개성이 바로 지금의 글로벌 정보 과학 기술 시대에서 개인의 최고 상품입니다.

## 9. 변화를 위한 도전

아름다운 기도
시간의 혁명
내 안의 변화
변화를 위한 도전
소가 외나무다리를 건너다
벼랑 끝에서 손을 놓다
아름다운 가치

##  아름다운 기도

잠을 설치고 이른 새벽부터 최대한 높은 곳으로 올라가
아직도 어둠이 한참인 봉우리에서 발을 동동거리며
추위와 졸음에 떨어 기도합니다.

때 묻지 않는 그 처음인 해를 남보다 더 먼저 보고
동맥처럼 퍼지는 그 붉은 기운 속에서

내 자식 남에게 기죽지 않게 키우고 싶은
가족들에게 남들이 다 가는 외식 한번 시켜주고 싶은
사람답게 살고 싶은 소박한 소망에서부터
능력과 사랑의 한계에 도전하여
합격하고 승진하여 더 풍요롭게 잘 살고 싶은 것까지

새 해가 떠오르는 산봉우리에서 기도합니다.
그 어디에도 없는 희망을 그곳에서 찾고자 기도합니다.

절망까지도 껴안고 기어이 살아보고 싶기에 기도합니다.
그 기도가 없으면 죽을 것 같기에 기도합니다.

## 시간의 혁명

거울에 비친 얼굴에는 세월이 묻어있지만,
그 많은 세월 동안 기억된 날은 불과 며칠 되지 않습니다.

무엇이 나의 살아온 날을 지워버렸을까요?.
내 일기장에는 왜 그리 공백이 많은 것일까요?
그럼에도 나는 내 나이를 감히 말할 수 있을까요?

꿈을 이루기 위해 나의 부족함과 싸우던 그런 날만이,
외로웠고 두려웠지만 뜨거웠던 그 며칠만이,
그림처럼 생생하게 기억으로 남아 있습니다.
그 시절이 그립습니다. 눈물이 납니다.

나머지 대부분의 날은 공백으로 사라졌습니다.
열정이 없었던 시간은 흔적도 없이 죽음처럼 사라졌습니다.

변화를 위한 열정의 시간, 주인 된 시간만이
세월 속에서도 생생하게 지금까지 살아있습니다.
그 시간은 내가 늙지 않고 살아있었습니다.

......

......

　노예처럼 끌려간 흐리멍덩한 노예의 시간은 망각의 무덤 속에 묻혀 하나도 생각나지 않습니다. 얼굴에서만 늙은 모습으로 확인될 뿐, 그 시간은 죽음처럼 허망하고 허무하고 우울합니다. 내가 죽은 시간이었습니다.

　고려 시대 만인의 평등을 주장하며 난을 일으킨 노비 만적을 떠올려 봅니다. 노예의 신분이면서 주인인 삶을 동경하고 도전하다 비록 포대기에 묶여 수장당한 불행한 삶을 살았지만, 노예의 몸에서도 주인의 목소리를 세상에 외쳤습니다. 신분은 천했지만, 생각과 행동은 위대했습니다.

　앞으로 남은 시간은 시간에 끌려가고 운명에 끌려가는 노예의 시간을 보내서는 안 되겠습니다. 비록 그 시간이 힘들고 외롭더라도 다시는 잊히는 시간을 살아서는 안 될 것입니다. 짧은 인생, 주인 된 시간, 기억되는 날이 많아야 안타까움과 아쉬움이 덜할 것입니다.

　내게 주어진 시간이 망각의 무덤으로 묻히지 않도록, 오늘 하루가 지워지지 않도록, 일과 사랑, 행복에 시간의 혁명을 일으키고 싶습니다. 내가 주인 된 시간으로 살고 싶습니다.

## 🌸 내 안의 변화

삼라만상에 변화하지 않는 것은 없습니다.
변화하는 것은 자연의 섭리, 우주의 원리입니다.

그럼에도 나는 변화를 의식하지 못합니다.
나에게 주어진 것이 영원할 것으로 생각합니다.
살아있음, 젊음이 언제나 내 곁에 있을 것으로 느껴집니다.
적어도 나에게는 늦게 갈 것으로 착각합니다.

거울에 비춘 낯선 얼굴을 보고서야 압니다.
세월이 갔음을, 젊음이 갔음을.

변화는 새로운 창조를 위한 과정이고 그 과정에 내가 있습니다. 새로운 창조를 위해 그 창조물의 생존을 위해 나는 또 사라져야 합니다. 인류의 역사도 마찬가지입니다. 새로운 사람, 새로운 제도를 위해 과거는 사라져야 합니다.

나이를 먹어 사라짐은 슬프지만 슬퍼할 일이 아닙니다.
새로운 창조를 위한 값진 희생이고 사랑입니다.
변화의 한 책무를 완수하고 자리에서 일어나 의자를 물려주고 물과 토양으로 돌아가는 것입니다.

 변화는 시간과 내가 함께 만들어 가야 합니다. 세상에 온 이유도 그 변화에 벽돌 한 장을 보태기 위해서입니다. 더 잘 살기 위해 더 행복하기 위해 힘들지만 노력하며 사는 것은, 책무입니다. 내가 시간을 헛되이 보내서는 안 되는 이유입니다.

 나를 방치하지 않고 나의 변화에 힘쓰는 노력이 세상의 변화에도 보탬이 되어, 이웃과 같이 행복하게 살아야 합니다. 그래야 가는 세월 앞에 덜 아쉽습니다.

 내 안의 변화는, 변화를 두려워하지 않는 데서 시작됩니다.
 생각만으로 말로는 변화하겠다고 하지만 잘 안되는 이유는 내 안의 내가 변화를 두려워하고 싫기 때문입니다.

 그러나 변화를 두려워하면 나는 오히려 변화의 노예가 되어 변화에 끌려가는 두려운 삶을 살 수밖에 없습니다.

 두려워하는 내 안의 나를 두려움의 감옥에서 어떻게 탈출시킬 수 있을까요?

## 변화를 위한 도전

자연의 모든 움직임은 변화를 위한 도전입니다.
모든 생명의 염색체에도 그 정신이 입력되어 있습니다.
변화를 위한 도전이 있을 때 생명은 진화하고 번영합니다.

지구상 생명체 중 끊임없이 변화를 추구하는 종(種)은 살아남았고 그렇지 못한 70%는 멸종되었습니다. 문명 또한 변화를 위한 도전에서 탄생하였고 변화를 위한 도전이 멈추었을 때 문명은 멸망하였습니다.

비옥한 양쯔강에서가 아니라, 험난한 황하강에서 문명이 발원하였으며 끊임없는 외세의 침략을 받은 민족은 도전이 있었기에 살아남았고 불가사의한 문명을 발달시킨 마야문명은 더 이상 도전을 멈추었을 때 스스로 멸망하였습니다.

우리의 일상도 마찬가지입니다. 하루하루 변화를 위한 도전이 있을 때 우리는 환경과 운명을 극복합니다. 그렇지 못하면 환경에 굴복하고 자기의 존재를 멸망시킵니다.

풍요롭고 행복하게 사는 것이 도전이 아닙니다.
도전의 결과일 뿐입니다.
도전은 인생 최고의 투자입니다.

따라서 도전은 힘들고 어렵습니다.
그래서 도전은 위대합니다.
귀찮고 하기 싫은 것에서, 두렵고 창피하고 힘든 것까지,
그 어느 것 하나, 위대하지 않은 도전은 없습니다.

모든 도전은 거창하지 않아도 위대하고 감동입니다.
 한 알의 밀알을 옮기기 위해 일흔 번의 좌절과 도전을 반복하는 개미처럼 도전만이 우리의 큰 모습이고 희망입니다.

※※※※※※

 척박한 환경에서 살아남기 위해 도전할 때 DNA의 진화가 시작되고 그것이 잠재된 능력을 잠 깨운다고 한다.

 관상어로 기르는 고이 잉어라는 물고기가 있다.
 이 잉어는 작은 어항에 넣어두면 8cm 정도밖에 자라지 않지만, 연못에서 자라면 25cm까지 자라고, 강물에서 자라면 1m 정도까지 자란다고 한다.

## 소가 외나무다리를 건너다

삶(生)이란, 소(牛)가 외나무다리(一)를 건너는 것이다.

다리 건너 저쪽 언덕에는 꿈꾸고 바라는 것, 초원과 사랑이 있습니다. 다리 밑은 낭떠러지입니다. 몸집이 큰 소가 통나무를 건너기가 쉽겠습니까? 다리를 건너기가 몹시 두렵습니다.

그러나 무서워서 건너기를 포기한다면 내가 바라는 것은 얻을 수 없습니다. 불편한 현실이 내 인생이 되어버립니다.

담대한 용기가 필요합니다. 용기는 두려움을 느끼지 않는 것이 아니라 두려움에 대한 도전이라고 마크 트웨인은 말합니다. 두려움과 실패에 대한 도전은 나의 능력이 됩니다. 떨어지고 다시 기어오르는 횟수가 바로 나의 능력의 계단입니다.

한 청년이 무모하게 에베레스트산을 정복하려다 실패하였습니다. 그럼에도 그 청년은 말했습니다. 에베레스트산이여, 너는 자라지 못한다. 그러나 나는 자랄 것이다. 나는 다시 돌아오겠다. 10년 후 마침내 그는 정복했습니다. 그가 바로 에베레스트 최초 등정자 에드먼드 힐러리입니다.

 풀은 눕고 / 드디어 울었다.
 바람보다도 더 빨리 울고 / 바람보다 먼저 일어난다.

 김수영 시인의 〈풀〉의 일부입니다.

 집을 나와 길에 나서면 위험만 있는 것이 아니라, 행운도 같이 있다고 합니다.

 배는 항구에 있을 때 가장 안전하지만, 그러나 거친 바다를 향해 도전한 사람만이 고기를 잡을 수 있다고 합니다.

 사소한 실수를 많이 하면 큰 실수를 막을 수 있어서 실수가 두렵거든 작은 실수를 많이 도전해야 한다고 합니다.

## 🌸 벼랑 끝에서 손을 놓다

현애살수(懸崖撒手)
벼랑 끝에서 움켜쥔 손을 놓아라.

김구 선생이 거사를 앞둔 윤봉길 의사에게 한 말입니다.
송나라의 유명한 선 시의 일부를 인용한 것입니다.

천 길 낭떠러지에서 떨어지지 않으려고 간신이 나뭇가지를 움켜잡고 발버둥을 치고 있습니다. 그 손을 놓아버리라는 것입니다. 생명줄 같은 나뭇가지를 왜 놓아버리라는 것일까요?

원주민들이 원숭이를 잡는 간단한 방법이 있습니다.

나무에 원숭이 주먹만 들어갈 정도의 구멍을 뚫고 그 안은 더 넓게 파서 원숭이가 좋아하는 땅콩을 채워둡니다.

원숭이는 구멍에 손을 넣고 땅콩을 많이 움켜쥡니다.
땅콩을 많이 움켜쥔 그 손은 빠져나오지 못합니다.
원숭이는 땅콩을 포기하지 못하고 결국 잡힙니다.

노자는 말합니다.

지혜는 비울 줄 아는 것이다.
욕망은 채우는 것이니 실체를 볼 수 없고, 지혜를 발휘할 수가 없다. 비움에서 고요해지고 지혜에 이른다.

벼랑 끝에서 손을 놓으라는 것은 생을 포기하라는 것이 아닙니다. 손에 움켜쥔 그 나뭇가지에 연연하지 말라는 것입니다.

그 나뭇가지에 대한 집착을 비우라는 것입니다. 손을 놓으면 생명을 잃을 것이라는 그 집착을 비우라는 것입니다.

나에 대한 집착을 버릴 때 비로소 새로운 내가 태어납니다.
하나님의 가르침 중의 하나도 자기 비움이라고 합니다.

밀알 하나가 땅에 떨어져 죽지 않으면 한 알 그대로 남고, 죽으면 많은 열매를 맺는다.

우리는 호흡하지 않으면 죽습니다.
호흡은 날숨과 들숨으로 이어집니다.
들이쉬기만 할 수 없고 내쉬기만 할 수 없습니다.

내 안의 나를 내쉬었을 때 새로운 내가 들어옵니다.

우리는 항상 채우려고만 합니다.

양보하면 나는 끝장이라고 생각합니다.
끝장이라고 생각하는 그 생각을 비워야 합니다.

내가 지금 움켜쥔 것(생각과 물질)이
원숭이의 땅콩은 아닌지 생각해 보아야 합니다.

※※※※※

　현애살수(懸崖撒手). 남송대의 야보도천의 선시〈대장부〉에 나오는 문구. 懸崖撒手丈夫兒 벼랑에 매달렸을 때 손을 놓을 줄 알아야 대장부라.

　김구의 이 말을 듣고 윤봉길 의사는 마음의 고요를 찾고 자신이 차고 있던 시계를 풀어 김구에게 주며 말했다고 한다.

　"이 시계는 6원짜리니 선생님의 2원짜리 시계와 바꿉시다. 제 시계는 앞으로 한 시간밖에는 쓸데가 없으니까요."
　　　　　　　　　　　　　　- 김구 〈백범일지〉에서

　너희도 만일 피가 있고 뼈가 있다면, 반드시 조선을 위하여 용감한 투사가 되어라. 태극의 깃발을 높이 드날리고 나의 빈 무덤 앞에 찾아와 한 잔 술을 부어 놓으라.
　　　　　　　　　　　　　　- 윤봉길 의사의 유언에서

## 🌸 아름다운 가치

아프리카 대륙의 광활한 초원을 양분하는 강이 있습니다.
마라강(Mara river)입니다. 이 강에는 일 년에 두 번,
수백만 마리의 누우떼들이 강을 건너는 장관이 벌어집니다.
한 번은 남쪽에서 북쪽으로, 한 번은 다시 남쪽으로 이 강을
건넙니다.

새로운 초원을 찾기 위해서는 반드시 마라강을 건너야 합니다. 마라강은 신천지를 가기 위한 외나무다리입니다.

그 마라강 물속에는 굶주리고 사나운 악어들이 득실거립니다. 한 마리씩 건너면 쪽쪽 악어 밥이 됩니다. 그래서 무리를 지어 단숨에 건넙니다.

그것이 피해를 최소화하는 방법임을 누우떼들은 본능적으로 알고 있습니다. 250만 년을 이어온 그들의 생존을 위한 자연의 섭리입니다.

대 이동의 섭리에는 많은 희생이 따릅니다.

수백만 마리가 한꺼번에, 단숨에 건너야 하는 살아남기 위한 처절함이 가져오는 어쩔 수 없는 섭리입니다.

서로 부딪치고 밟히고 자기들끼리 벌어지는 피해도 크지만 바로 악어에게 잡아먹히는 누우떼들이 헤아릴 수 없이 많습니다. 강물은 온통 붉은 빛으로 변합니다.

그렇게 강을 건넌 누우떼들은 초원을 찾아 떠납니다.

그러나 아무도 모릅니다. 다른 누우떼들이 희생되어 자신들이 살아날 수 있었다는 것을 아무도 생각하지 못합니다.

오직 어린 누우 만이 알고 있습니다. 어미가 자신 곁에 없다는 것을. 누 우~ 하고 몇 번을 울어 보지만 어미의 대답은 어디에도 없습니다.

우리의 삶의 강에도 반드시 악어가 존재하고 그 악어에게 잡히는 패자가 있기에 강을 건너는 승자가 있습니다.

승자에게는 행운이지만 패자에게는 처절한 희생입니다.

누우떼들이 새로운 초원을 찾아 마라강을 건너듯
우리도 더 나은 삶을 위해 삶의 마라강을 건너야 합니다.

우리의 삶의 강에도 승자와 패자가 있습니다.
노력과 능력과 행운의 차이일 수 있습니다.

분명한 것은, 약자의 작은 힘이 모여서 권력이란 큰 힘이 생기고, 패자가 있기에 승자가 있습니다. 우리의 행복은 어쩌면 누군가의 눈물이 있기에 가능할 수도 있습니다.

이웃이 울고 있을 때 우리의 웃음은 작아지고,
이웃이 웃고 있을 때 우리의 웃음은 두 배로 커집니다.

약자와 패자에 대한 배려와 사랑이 필요합니다.
그것이 우리가 더 잘 살고자 노력하는 아름다운 가치입니다.

# 꽃은 소리 없이
## 스스로 아름답다
내 삶이 더 아름답게 피어나는 그 길을 찾아서

초판 1쇄 발행 2025. 2. 5.

지은이　범서
펴낸이　이철원
편　집　水木金 편집팀
펴낸곳　水木金 출판사
주　소　광주광역시 남구 봉선로 24
전　화　062) 655-5405
팩　스　062) 655-5408
저자 이메일　chwonll@naver.com

ISBN 979-11-988411-6-2

가격은 뒤표지에 있습니다.
이 책은 저작권법에 의하여 보호를 받는 저작물이므로 무단 전재와 복제를 금합니다.
파본은 구입하신 서점에서 교환해 드립니다.